dumont taschenbücher

Karl Clausberg, geb. 1938 in Eisenach/Thüringen; Studium der Kunstgeschichte in Hamburg, London (Warburg Institute) und Wien; Promotion mit einer Arbeit über den Erfurter Codex Aureus 1974. Dozent an der Universität Osnabrück. Arbeitsgebiete: Wissenschaftsgeschichte, Psychologie, Sprachforschung. Veröffentlichungen: u. a. Zeppelin. Die Geschichte eines unwahrscheinlichen Erfolges (München 1979). Bei DuMont ist von ihm erschienen: Die Manessische Liederhandschrift (DuMont Taschenbücher, Bd. 62)

Der irdische Globus im Inneren eines schematischen Profilkopfs vor teleskopischem Sternenhintergrund – typisches Bildbeispiel einer anschaulichen Denkfigur, deren Werdegang in dieser »Visionsgeschichte« zur Sprache kommt. Umschlagbild zu einem »allumfassenden« Buch mit dem Titel »Zehn Gesichter des Universums« (Ten Faces of the Universe, London 1977) von dem englischen Astrophysiker Fred Hoyle, der in Fachkreisen nicht nur als einer der Hauptvertreter der sogenannten »steady-state«-Theorie der 50er Jahre Rang und Namen hat, sondern einer breiteren Öffentlichkeit vor allem durch seine Science-Fiction-Romane bekannt wurde

Karl Clausberg

Kosmische Visionen

Mystische Weltbilder von Hildegard von Bingen bis heute

DuMont Buchverlag Köln

Umschlagabbildung Vorderseite: Lucca, Biblioteca governativa, MS 1942, Hildegard von Bingen, »Liber Divinorum Operum«, um 1230, fol. 6 r, Detail (vgl. Farbabb. 3)

Umschlagabbildung Rückseite: »Everything falling into a black hole loses its identity«. Aus: Harry L. Shipman, »Black Holes, Quasars & the Universe«, 1976. Abb. nach: Remo Ruffini, John A. Wheeler, »Introducing the Black Hole«, in: »Physics Today«, January 1970

CIP-Kurztitelaufnahme der Deutschen Bibliothek

Clausberg, Karl:
Kosmische Visionen : myst. Weltbilder von
Hildegard von Bingen bis heute / Karl
Clausberg. – Erstveröff. – Köln : DuMont, 1980.
(DuMont-Taschenbücher ; 98)
ISBN 3-7701-1239-3

Erstveröffentlichung

Druck: Rasch, Bramsche
Buchbinderische Verarbeitung: Kleins-Druck, Lengerich

Printed in Germany ISBN 3-7701-1239-3

Inhalt

1 Plakat zur Internationalen Ausstellung »Heilige Hildegard von Bingen«, 1979 in Bingen, mit der Wiedergabe einer Gottesvision aus der 1945 verschwundenen Wiesbadener SCIVIAS-Handschrift

Vorwort

Den Leser erwartet kein komprimiertes Taschen-Lexikon über »kosmische Visionen«, kein kurzgefaßter Leitfaden durch die Bildwelten der Mystik, keine rezeptionsgeschichtlich garnierte Biographie einer mittelalterlichen »Mystikerin« in anschaulicher Verpakkung – eher ein Gang schräg über die Verfahrensgeleise üblicher Forschung und Vermittlung, von den illustren Straßenseiten der Kulturgeschichte zu den Hinterhöfen pseudo-wissenschaftlicher oder provinzieller Geschichtsaneignung, sozusagen von Descartes zu Däniken oder von Leonardo zu ...

»Zerfahren und grenzenlos ist in der Gegenwart vor allem der Gesamtinhalt der ›Mystik‹«, heißt es in der 1980 neu aufgelegten »Darstellung der christlichen Philosophie« von Joseph Bernhart mit dem Titel »Die philosophische Mystik des Mittelalters von ihren antiken Ursprüngen bis zur Renaissance« (1922). »... Für wissenschaftliche Ansprüche empfiehlt sich zunächst die Ausscheidung des Okkulten im Sinne wirklicher oder vermeintlicher Erscheinungen ...« – »Die Situation scheint mir klar« erklärt Erich von Däniken am Schluß seines Buches über »Erscheinungen – Phänomene, die die Welt erregen« (1974). »*Außerirdische Impulse* veranlassen Gehirne, Erscheinungen zu produzieren ... Irgendwann tauchen in den Biographien der Großen der Menschheitsgeschichte Momente auf, an denen Visionen, Erleuchtungen oder Eingebungen die große Wende oder die entscheidende grundstürzende Erkenntnis – die Idee – brachten ... Erscheinungen, die religiös unbrauchbar sind, die Visionen und Erleuchtungen, die die Großen aus dem Überirdischen beziehen, bringen den Fortschritt.« – Visionärer

Ideen-Fortschritt und wissenschaftliche Ausscheidungen solcher Art markieren einen von Kanalisationsgräben durchfurchten, aber schier unergründlichen Dschungel, in dem seriöse Forschung und ungenierte Kolportage sich ständig über den Weg laufen oder aus dem Wege gehen, und den der folgende Gedanken-»Ausflug« – sozusagen mit laufend wechselnder Perspektive und Brennweite – dem interessierten Leser in Wort und Bild, aber durchaus nicht erschöpfend, vor Augen führen will.

Mystik und Okkultismus, Aberglaube und Magie, Astrologie und Alchemie standen seit der Aufklärung in dem Geruch, Grenzgebiete und Übergänge zur irrationalen »Nachtseite« der Psyche zu sein, die man, mit wissenschaftlicher Rationalität gewappnet, wie einen fremden Kontinent zu erkunden hatte. Als sich aber nach und nach die Einsicht einstellte, daß die historischen Quellen der hocherhabenen Wissenschaftlichkeit in eben jenen anrüchigen Randzonen entsprangen, wurde die gesicherte Mittelstellung der »reinen Vernunft« zur Eisbergspitze; man schien sich eingestehen zu müssen, daß die forschende Betrachtung der fremdartigen Umgebung mit dem Blick in die Tiefe des eigenen Inneren zusammenfiel – jedenfalls in der Sicht gewisser tiefenpsychologischer Glaubensrichtungen.

Die unauflösliche Verknüpfung der Forschungsgegenstände mit den Forschungsstandpunkten ist für die psychologische Erkenntnistheorie und ihre »historischen« Anwendungen in der Wissenschafts- und Kulturgeschichte seit dem 19. Jahrhundert geläufig. Und auch in jenem Forschungsbereich, der speziell für die bildhaften Vorstellungen und Darstellungen zuständig ist, hat es nicht an Versuchen gefehlt, diesen schwer zu durchschauenden – und oft recht zwiespältigen – Zusammenhang von Bild und Betrachter theoretisch und methodisch in den Griff zu bekommen. Daß besonders im Bereich des »bildlichen Denkens« der Rückgriff auf die »erleuchteten« oder düsteren Wurzeln der Phantasie in allen ihren Spielarten naheliegt und möglich ist, hat Psychologen wie Kunst- und Kulturhistoriker zeitweise gleichermaßen selbstbezogen beschäftigt. Heute sind solche »Selbstthematisierungs«-Ansätze zum Teil schon wieder zum Gegenstand einer zeitbewußten »Archäologie des Wissens« geworden – vor einem naturwissenschaftlich-weltanschaulichen Verständnishintergrund, der sich mit Kernwaffen-Overkill und Ökonomie-Kollaps an den »Grenzen des Wachstums« im irdischen Bereich, mit höchstwahrscheinlichem »Urknall« und denkbarem Gravitationskollaps des ganzen Universums dramatisch verändert und neue Formen der »wissenschaftlichen« Mystik und Religiosität mit sich gebracht hat.

Ein derart »überdimensionales« Thema wie die »Kosmischen Visionen von Hildegard von Bingen bis heute« samt ihrer wechselnden Hintergründe auf Taschenbuchformat zu bringen, mag – etwa im Vergleich zu Hans Blumenbergs profunder »Genesis der kopernikanischen Welt« (1975), der wohl geistreichsten Darstellung dieses vielbeschriebenen Universal-Themas in den letzten Jahren – als »größenwahnsinniges« Unternehmen erscheinen; doch in der kleinen Welt der »echten« Wissenschaftsveröffentlichungen, die so häufig Schwierigkeiten haben, das Besondere mit dem Allgemeinen zu verbinden, und der sogenannten populärwissenschaftlichen Literatur, die angeblich für seriöse Spezialforschung nicht geeignet ist, hat ein solches Unternehmen durchaus seinen Reiz: nämlich konkrete (und provozierende) Resultate samt ihrer aktuellen Verständnishintergründe übersichtlich zu präsentieren.

Das Buch nimmt zwei bemerkenswerte Jubiläen des Jahres 1979, das »Gedenkjahr 800 Jahre heilige Hildegard von Bingen« und den in Hamburg mit einer Ausstellung und mehreren Vorträgen bedachten 50. Todestag Aby Warburgs, unter anderem zum Anlaß, einen aktuellen Themenkreis kritisch anzuvisieren: den neuerdings vielbesprochenen Hang zur Mystik und Neoromantik, zur sektiererischen Staatsverdrossenheit und ketzerisch-bunten Abkehr von den schwarz-rot-goldenen Grundwerten – sowie die »konservativen« Konkurrenz-Angebote: Der Wunsch, im Sortiment historischer Ausstellungskonserven auch ein Stück hausgemachter abendländischer Mystik für Anfänger dieser Geschmacksrichtung bereitzulegen, war wohl einer der mehr oder minder bewußten Väter des Gedankens, die »erste deutsche Ärztin« und Seherin, die *prophetissa teutonica* Hildegard, publikumswirksam aus der Versenkung zu holen und als feminines Musterbeispiel gläubiger, aber auch medizinischer Weltzugewandtheit zurechtzumachen – gestützt auf den kulturhistorischen Rang ihrer Schriften, deren visionärer Bilder-

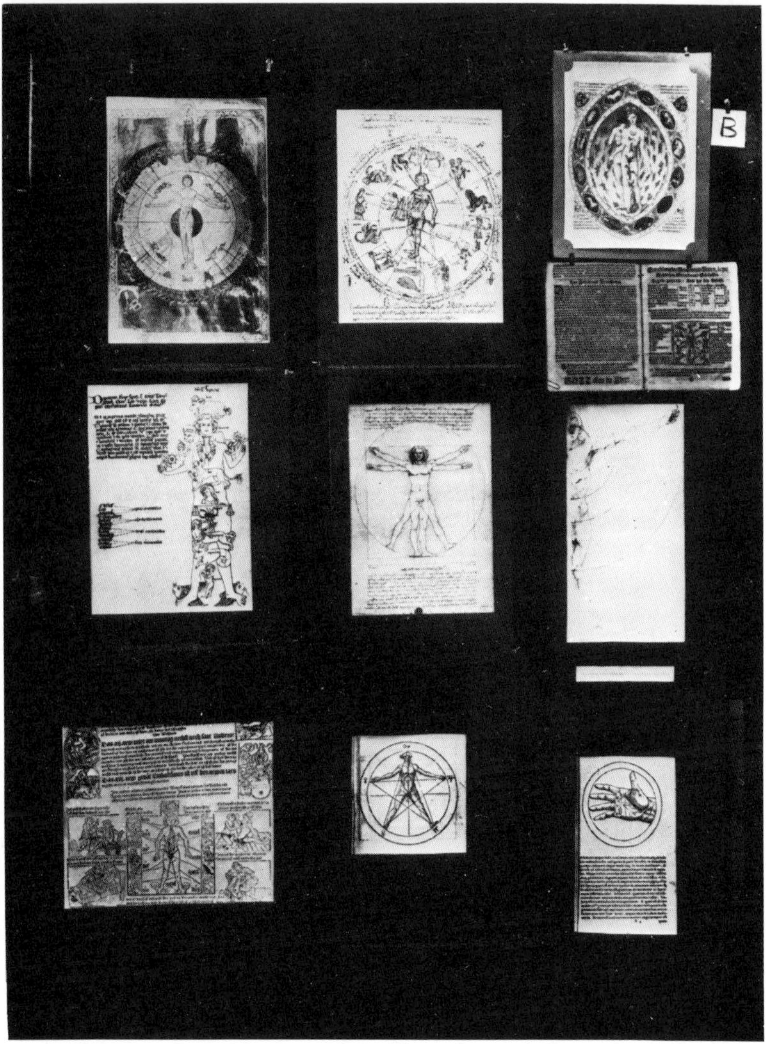

2 »Ein Mikrokosmos der Kulturwissenschaft«. Die zweite von drei programmatischen Einleitungstafeln aus Aby Warburgs MNEMOSYNE-Bilderatlas zur Darstellungsgeschichte menschlicher Ausdrucksformen. Links oben eine der Miniaturen aus dem »Buch der Göttlichen Operationen« Hildegard von Bingens. Nach: Ernst H. Gombrich, »Aby Warburg – An Intellectual Biography«, 1970

reichtum schon Forschergenerationen fasziniert hatte: vor allem durch die Miniaturen eines Pracht-Manuskripts in Lucca, die hier vollständig und in Ausschnitten farbgetreu reproduziert sind. In diesen Buchmalereien hat eine »zentrale« Denkfigur mystischer, aber auch »wissenschaftlicher« Weltanschauung, das MIKROKOSMOS-MAKROKOSMOS-Schema, seine wohl »farbigste« mittelalterliche Ausgestaltung erfahren.

Die Vor- und Folgegeschichte der Mikrokosmos-Denkfigur, die sich vom alten Orient bis ins 20. Jahrhundert zieht, hat vor allem in den 20er/30er Jahren einen geistes- und symbolgeschichtlich ausgerichteten Forscherkreis, die Mitarbeiter und Freunde der damals noch Hamburger Bibliothek Warburg, sehr beschäftigt. Warburg wählte sogar ein mittelalterliches Kosmos-Diagramm zum Emblem des Hauses und seiner Publikationen, und sein unvollendeter »Bilderatlas« zeigte im programmatisch-einführenden Drei-Tafel-Vorspann unter den wichtigsten Exemplaren von Mikrokosmos-Darstellungen eine der Luccheser Miniaturen ganz obenan (Abb. 2). Man kann sich fragen, ob Warburgs ursprünglich renaissancezentrierte Kultur-Anthropologie mit solch »mittelalterlicher« Umrahmung noch vereinbar war, ob hier nicht vielmehr schon die »symbolische Philosophie« seiner Mitarbeiter sich zum System abzurunden begann. Auf jeden Fall ist es verlockend genug, das Fortleben der Mikrokosmos-Denkfigur bis zu dieser Wiederherstellung eines auf den Menschen bezogenen, kulturellen Kosmos zu verfolgen.

3 Der boshafteste Kritiker der Geisterseherei, Immanuel Kant. Stich. 1791.
Aus: Otto von Leixner, »Unser Jahrhundert«, Band 1, 1882

Geistergeschichten

1 Am Wendepunkt der Geistesgeschichte: Die vernichtende Kritik der reinen Vernunft an der Geisterseherei – Immanuel Kant contra Emanuel Swedenborg und seinesgleichen

»Das Schattenreich ist das Paradies der Phantasten. Hier finden sie ein unbegrenztes Land, wo sie sich nach Belieben anbauen können. Hypochondrische Dünste, Ammenmärchen und Klosterwunder lassen es ihnen an Bauzeug nicht ermangeln ...« Mit diesen Worten begann Immanuel Kant (Abb. 3), in späteren Werkausgaben und Lexika als »Vollender der Aufklärung« und »einer der größten deutschen Philosophen« gewürdigt, eine 1766 publizierte Schrift mit dem Titel »Träume eines Geistersehers, erläutert durch die Träume der Metaphysik«. Das »Schattenreich der Träume«, das Privatdozent Kant hier gleichermaßen ironisch Geistersehern wie manchen verbeamteten Universitätsmetaphysikern als Paradies anwies, war für ihn – und bald auch für die Anhänger seiner Weltanschauung – der Inbegriff »verrückter«, wenn nicht unwirklicher Sinneserfahrungen; die Welt der Sinnestäuschungen und Wahnvorstellungen wurde so gesehen zum Stein des Anstoßes und zum Prüfstein seiner Untersuchungen »Über die Form und die Prinzipien der Sinnen- und Verstandeswelt« (1770) und seiner epochemachenden »Kritik der reinen Vernunft« (1781).

»Aristoteles sagt irgendwo: *Wenn wir wachen, so haben wir eine gemeinschaftliche Welt, träumen wir aber, so hat jeder seine eigene.* Mich dünkt,« so meinte Kant im »dritten dogmatischen Hauptstück« seiner »Geisterseher«-Schrift von 1766, »man sollte wohl den letzteren Satz umkehren und sagen können: wenn von verschiedenen Menschen ein jeglicher seine eigene Welt hat, so ist zu vermuten, daß sie träumen ... Wenn wir die *Luftbaumeister* der mancherlei Gedankenwelten betrachten, deren jeglicher die seinige mit Ausschließung anderer ruhig bewohnt ... so werden wir uns bei dem Widerspruche ihrer Visionen gedulden, bis diese Herren ausgeträumt haben ...«, und so weiter*. – »In gewisser Verwandtschaft mit den *Träumern der Vernunft*« – so fuhr Kant nach weiteren Bosheiten über namhafte Philosophieprofessoren seiner Zeit im folgenden Absatz fort – »stehen die *Träumer der Empfindung*, und unter dieselben werden gemeiniglich diejenige[n], so bisweilen mit Geistern zu tun haben, gezählt und zwar aus dem nämlichen Grunde wie die vorigen, weil sie etwas sehen, was kein anderer gesunder Mensch sieht ...«

Mehr oder minder freiwillige Abweichungen von der geistigen Gesundheit attestierte der spätere Königsberger Ordinarius also den »Luftbaumeistern der Un-Vernunft« und insbesondere den Geistersehern: »Das Eigentümliche dieser Krankheit [Kant im voraufgehenden Satz: die man den Wahnsinn und im höhern Grade die Verrückung nennt] besteht darin: daß der verworrene Mensch bloße Gegenstände seiner Einbildung außer sich versetzt und als wirklich vor ihm gegenwärtige Dinge ansieht ... Es ist alsdann kein Wunder, wenn der Phantast manches sehr deutlich zu sehen oder zu hören glaubt, was niemand außer ihm wahrnimmt, imgleichen wenn diese Hirngespenster ihm erscheinen und plötzlich verschwinden, oder indem sie etwa einem Sinne, z. B. dem Gesichte, vorgaukeln, [aber] durch keinen andern [Sinn], wie z. B. das Gefühl [d. h. den Tastsinn], können empfunden werden und daher durchdringlich [d. h. immateriell] scheinen. Die gemeine[n] Geistererzählungen laufen so sehr auf dergleichen ... hinaus, daß sie den Verdacht ungemein

* Hervorhebungen immer vom Verfasser

rechtfertigen, sie könnten wohl aus einer solchen Quelle entsprungen sein. Und so ist auch der gangbare Begriff von *geistigen Wesen* ... dieser Täuschung sehr gemäß und verläugnet seinen Ursprung nicht: weil die Eigenschaft einer durchdringlichen [d. h. immateriellen] Gegenwart im Raume das wesentliche Merkmal ... ausmachen soll ... Ferner sieht man daraus auch, daß, da die Krankheit des Phantasten nicht eigentlich den Verstand, sondern die Täuschung der Sinne betrifft, der Unglückliche seine Blendwerke durch kein Vernünfteln [be]heben könne: weil die wahre oder scheinbare Empfindung der Sinne selbst vor allem Urteil des Verstandes vorhergeht und eine unmittelbare Evidenz hat, die alle andre Überredung weit übertrifft.«

Mit derart unmittelbarer Evidenz der Sinneseindrücke, deren Suggestionskraft den kritischen Verstand überwältigte, konnte nach heutigem Sprachgebrauch nicht lediglich eine optische oder andere Täuschung, sondern nur so etwas wie eine bildhaft-totale Zwangsvorstellung gemeint sein; und Kant stellte »den Wahnsinn in dergleichen Erscheinung« auch keineswegs in Abrede – im Gegenteil. Doch gegen die naheliegende Reaktion des Normalbürgers erhob er Bedenken: Er würde es dem Leser zwar keineswegs verdenken, wenn er, anstatt die Geisterseher als Halbbürger der »Republik der Geister« anzusehen, sie kurz und gut zu Irrenhaus-Kandidaten erkläre und sich dadurch einer Auseinandersetzung mit solchen Erscheinungen entzöge; wenn man es aber so auf die leichte Schulter nehme, fehle im Grunde nicht mehr viel, die »Adepten des Geisterreichs« ganz nach althergebrachtem Rezept zu behandeln, nämlich sie zu *(ver)brennen*, nur daß es jetzt vielfach schon ausreiche, sie zu *purgieren*. Was aber unter dieser purgatorischen Fegefeuerbehandlung zu verstehen war, legte Kant mit listigem Zitat einem Anderen (im Sperrsatz am Kapitelende) in den Mund: *»Wenn ein hypochondrischer Wind in den Eingeweiden tobt, so kommt es darauf an, welche Richtung er nimmt; geht er abwärts, so wird er ein F---, steigt er aber aufwärts, so ist es eine Erscheinung oder eine heilige Eingebung.«*

Obwohl Kant diese hanebüchen-materialistische Erscheinungs- und Eingebungsventilation aus dem Verdauungstrakt nur kontrasthalber seiner eigenen exakt erdachten Wahnsinnsdiagnose gegenüberstellte, war derart witzige Wechselbadbehandlung des Themas für das Ansehen der Geisterseherei wenn nicht vernichtend, so doch sehr abträglich – jedenfalls in den Augen rückblickender Grenzwissenschaftler: »Als größtes Hindernis für das Studium des Phänomens der Vision hat sich die Entwicklung der modernen Philosophie selbst erwiesen«, schrieb der Theologe Ernst Benz in der Einleitung seines 1969 erschienenen Lebenswerks »Die Vision – Erfahrungsformen und Bilderwelt«. »Die Ausbildung der kritischen Philosophie der Neuzeit hat sich bei Kant in Gestalt einer kritischen Auseinandersetzung mit einem Visionär, Emanuel Swedenborg, vollzogen. Kant hat Swedenborg zum Gegenstand seiner philosophischen Kritik in einem Augenblick gemacht, in dem er sich aus ... der supranaturalistischen Metaphysik seiner Zeit freigekämpft hatte und sich in einer Stimmung befand, die ihn zum Spott und Hohn gegen jede Metaphysik ermunterte. Er erblickte in dem ›Geisterseher‹ Swedenborg den Repräsentanten eines maßlosen Mißbrauches der spekulativen Fähigkeiten des menschlichen Geistes ... Kant hat auf diese Weise nicht nur Swedenborg mit dem Fluch der Lächerlichkeit behaftet, sondern auch jeden, der von jetzt an Visionen nicht für ›Mondkälber‹ und Visionäre nicht für ›Erzphantasten‹ hielt ... Das Phänomen der Vision selbst ist durch Kant in Mißkredit geraten.«

Es bedeutete demnach nichts Geringeres als die Wende von der Geister- zur Geistesgeschichte, als der Königsberger Raisonneur – und das nicht von ungefähr – an den nordischen »Erzphantasten« (Abb. 4) geriet, denn der war ein prominenter Zeitgenosse: »Es lebt zu Stockholm«, notierte Kant im zweiten Teil seiner Abhandlung, »welcher historisch ist«, »ein gewisser Herr *Schwedenberg* ohne Amt oder Bedienung von seinem ziemlich ansehnlichen Vermögen. Seine ganze Beschäftigung besteht darin, daß er, wie er selbst sagt, schon seit mehr als zwanzig Jahren mit Geistern und abgeschiedenen Seelen im genauesten Umgange steht, von ihnen Nachrichten aus der anderen Welt einholt und ihnen dagegen welche aus der gegenwärtigen erteilt, große Bände über seine Entdeckungen abfaßt und bisweilen nach London reiset, um die Ausgabe derselben zu besorgen ...« Kant, der damals – ohne ansehnliches Vermögen – als lehrbeauftragter »Magister« allein von spärlichen Hörergeldern

4 Der nordische »Erzphantast«, Emanuel Swedenborg. Gemälde in der Nationalgalerie Stockholm. Nach: Ernst Benz, »Emanuel Swedenborg – Naturforscher und Seher«, 1948

lebte, hatte sich gleichwohl Swedenborgs dickleibige »Arcana caelestia« für schier unerschwingliche sieben Pfund Sterling kommen lassen, um sich ein Bild zu machen: »Acht Quartbände voll Unsinn«, lautete kurz und bündig sein Urteil.

Als »Praktischer Schluß aus der ganzen Abhandlung«, die den Herrn »Schwedenberg« stellvertretend für die ganze Gilde der Visionäre und Geisterseher auf's Korn genommen hatte, erschien Kant ein eigenes, wissenschaftlich-kritisches Unglaubensbekenntnis vonnöten: »Ich bin mit meiner Art Wesen durch Vermittlung körperlicher Gesetze in Verknüpfung, ob ich aber auch sonst nach andern Gesetzen, welche ich pneumatisch nennen will, ohne die Vermittlung der Materie in Verbindung stehe, oder jemals stehen werde, kann ich auf keinerlei Weise aus demjenigen schließen, was mir gegeben ist. Alle solche Urteile, wie diejenige[n] von der Art, wie meine Seele den Körper bewegt, oder mit andern Wesen ihrer Art jetzt oder künftig in Verhältnis steht, können niemals etwas mehr als Erdichtungen sein ...« – Das war nun nicht nur ein wissenschaftlicher Abgesang auf jegliche Phantasterei und Ekstatik, sondern auch eine sehr skeptische Bestimmung der Grenzen der wissenschaftlichen Erkenntnis selbst – von Grenzen, die in Kants Augen »von vornherein« mit der Reichweite des gesunden Wahrnehmungsvermögens und nicht der krankhaften Phantasie zusammenfielen. Damit war in der Tat jener exotische Erfahrungsbereich, in dem heute Okkultismus und Parapsychologie, aber auch der religiöse Glaube nach wie vor ihre wunderbaren Früchte ziehen und ernten, recht kantig vor die Tür der reinen Vernunft gesetzt.

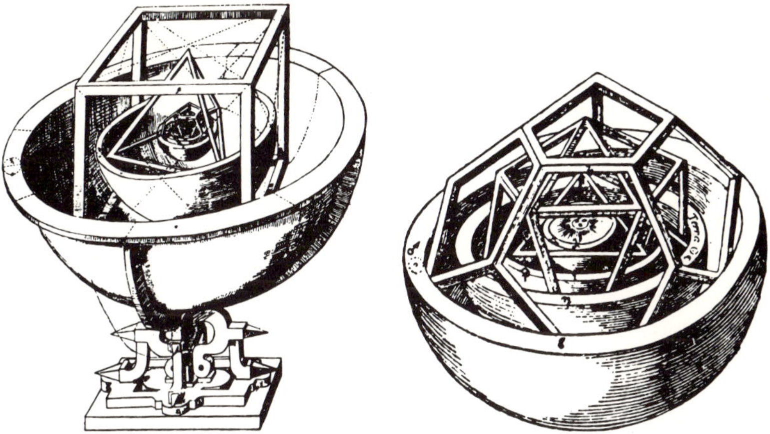

5 Johannes Keplers »Mysterium Cosmographicum«. Das Verhältnis der Planetenbahnen aus ineinandergeschachtelten Kugelschalen und geometrischen Elementarkörpern konstruiert; die äußerste Sphäre ist die des Saturn, es folgen nach innen die von Jupiter, Erde, Venus und Merkur, wie der Ausschnitt zeigt. Aus: Arthur Koestler, »Die Nachtwandler – Das Bild des Universums im Wandel der Zeit«, Bern/München 1959, 1963

2 Der »kopernikanische Schock« und seine Spätfolgen: Nach Verlust der astronomischen Mitte und Belebung der Welten des äußeren Universums eine Flucht zu den inneren Weltenräumen

Mit Kants vernichtender Kritik war der Geisterglaube keineswegs erledigt – im Gegenteil, er verlagerte sich nur in andere Dimensionen. Ironischerweise wurde gerade jener unvorstellbare, allenfalls denkbare Bereich jenseits des normalmenschlichen Wahrnehmungsvermögens, den Kant so konsequent als erkenntnistheoretisches Niemandsland deklariert hatte, zum unerforschlichen Refugium der

Geisterwelt – jedenfalls aus dem Blickwinkel jener religiösen Erneuerungsbewegungen, die dem Gedankengut der Aufklärung nichts mehr abzugewinnen vermochten, es vielmehr als Inbegriff der Gottlosigkeit bekämpften.

Im Jahr 1808 erschien die bemerkenswerte Schrift eines gewissen Dr. Johann Heinrich Jung (1740–1817), genannt Stilling, mit dem Titel »Theorie der Geister-Kunde in einer Natur-, Vernunft- und Bibelmäßigen Beantwortung der Frage: Was von Ahnungen, Gesichten und Geistererscheinungen geglaubt und nicht geglaubt werden müsse«. Jung-Stilling, seit 1787 Professor für Ökonomie-, Finanz- und Kameralwissenschaften in Marburg, stammte aus einer streng pietistisch-westfälischen Familie und war nicht nur als führender Kopf der seinerzeit weit verbreiteten »Erwecktengemeinschaft« und später der sogenannten »Brüdergemeinde« hervorgetreten, sondern hatte auch als Autor mystisch-spiritistischer Traktate und Romane, unter anderem mit »Szenen aus dem Geisterreich« (1795–1801) von sich reden gemacht. In seiner »Theorie der Geister-Kunde« präsentierte Jung-Stilling 1808, nunmehr badischer Geheimrat und Karlsruher Staatspensionär, die Quintessenz seiner »begeisterten« Weltanschauung: ein mit diversen »Dokumentarberichten« über Geistererscheinungen untermauertes Theoriegebäude – scheinbar halbwegs im Einklang mit der zeitgenössischen Erkenntnistheorie:

»Die Menschenseele ist, so lang das Erdenleben dauert, in diesen mechanischen Körper eingebannt«, liest man an unauffälliger Stelle im »Dritten Hauptstück«; »durch seine sinnlichen Werkzeuge erlangt sie alle ihre Erkenntnisse ...; und da sie, in sich, in ihrem Wesen, von Natur, auch keine andere Erkenntnisquelle hat, so kann sie auch unmöglich anders urteilen und schließen, als nach den Gesetzen, die sie vermöge ihrer körperlichen Organisation, den Sinnenwesen [d. h. Sinneserfahrungen] gibt«. – Doch diese Einsicht in die zwangsläufige Begrenztheit der menschlichen Erkenntnis, die sich auf Kant als maßgebliche Quelle solcher Philosophie hätte berufen können, war für Jung-Stilling nur Anlaß zu unermüdlichem Widerspruch: »Der Mensch ist [zwar] vermittelst seines gegenwärtigen Körpers auf die gegenwärtige Sinnenwelt [ausgerichtet]«, stellte der dem Zitat voraufgehende Satz klar, um den nachfolgend beschriebenen Operationsbereich der Sinneswerkzeuge gleich von vornherein zu diskreditieren: »seine Menschenseele aber, oder sein Geist mit der ewigen Lichthülle, [ist] auf die übersinnliche [Welt hin] organisiert«.

Diese – an den oben genannten Erkenntnisgrenzen gemessen – schlichte Behauptung hatte jenen altehrwürdigen Glaubensinhalt von der Zweiteilung des Menschen in Körper und Seele im Sinn, den Jung-Stilling auf dem Wege zur Aufklärung eigenmächtig verschoben und verunklärt sah: »Das ... christliche System der Geister- und Körperwelt stand fünfzehnhundert Jahr unerschüttert da; auf einmal trat der Mönch Nikolaus Kopernikus auf; mit gewaltiger Hand rückte er die Erdkugel aus dem Mittelpunkt der Schöpfung weg, setzte die Sonne dahin, und ließ nun jene in einem Jahr um diese, und in 24 Stunden um ihre eigene Axe laufen ... Der Papst und die Geistlichkeit machten große Augen, sie drohten mit Fluch und Bann, allein dem war Kopernikus entwischt, die Erde war nun einmal am Fortrollen, und kein Bannfluch konnte sie hemmen. Daß diese Mißbilligung und Furcht der Geistlichkeit begründet war« – das mußte der Lutheraner Jung-Stilling dem ansonsten beargwöhnten katholischen Klerus zubilligen – »das haben die Folgen des kopernikanischen Systems bewährt: denn nun sah man allmählich alle Fixsterne für Sonnen an, die vielleicht alle ... Planeten zu Begleitern hatten, folglich wurde nun die Erde zu einem höchst unbedeutenden Punkt in dem großen unermeßlichen All« – für Jung-Stilling und Geistesverwandte immer noch ein irgendwie würdeloser Anblick: »... jetzt mußte also die ganze Geisterwelt jährlich mit der Erde die Reise um die Sonne machen ...«

Auch die weiteren Folgen der kopernikanischen Revolution malte Jung-Stilling in düsteren Farben: »Das neue mechanische Weltsystem hatte der menschlichen Vernunft zum ferneren Forschen Tür und Tor geöffnet. Daher wagte sie es nun auch, mit diesen mechanischen Naturgesetzen in die Geisterwelt hinüber zu gehen, und eben hier wurde nun die Quelle zum Glauben an die eiserne Notwendigkeit des Schicksals, diese ungeheure Gebährerin allen Unglaubens, aller Freigeisterei, mit einem Wort: des Abfalls von der echten Christusreligion und des furchtbaren Antichristentums eröffnet; man setzte nun ein für allemal den Grundsatz fest, es existiere nichts anderes in der ganzen erschaffenen Natur als MATERIE und KRAFT ... Aus diesem folgte ein ... eben so fruchtbarer wie furchtbarer Schluß: Wenn alle Wirkungen im Weltall nach ewigen und unveränderlichen Gesetzen geschehen, die in der Materie zu unendlich mannigfaltigen Zwecken gegründet sind, *so ist die Welt eine Maschine;* das ist: ihre ganze Einrichtung ist *mechanisch;* da aber nun jede fremde Einwirkung in eine Maschine eine Störung in ihrem bestimmten Gang und Zweck macht, *so kann es keine Wesen geben, die Einfluß auf die Körperwelt haben;* wenn solche Wesen zur Weltregierung, und ihre Mitwirkung in der Natur nötig wären, so wäre das ganze Weltall eine sehr unvollkommene Maschine, und eine solche konnte der höchstvollkommene Baumeister aller Welten nicht machen.« (Abb. 6)

Wenn die Welt eine Maschine sei, die allein, ohne fremde Hilfe ihren Gang gehe – so formulierte Jung-Stilling wenig später die Konsequenzen des Maschinen-Modells noch drastischer –, wenn sogar Gott selbst nicht mehr mitwirke, so hätten auch weder gute noch böse Engel Einfluß auf sie – diese Schlußfolgerung sehe die Aufklärung als erwiesen an. Der Aufklärung zufolge gäbe es überhaupt keine solchen Wesen, und wenn es sie gäbe, so gingen sie uns so wenig an wie die Bewohner eines fernen Planeten; was die Bibel von ihnen sage, sei reine Bildersprache, und so weiter. – Wie aber gedachte Jung-Stilling dieser »eiskalten, trostlosen Vernunftweisheit« zu entkommen? Mit einem Rückzug auf die subjektiven Illusionen der menschlichen Wahrnehmung und Erkenntnistätigkeit, die mit Hilfe mechanistischer Gesetzmäßigkeiten damals noch nicht erklärlich schienen:

»... der Mensch selbst ist sich das größte Rätsel – das *denkende Wesen* in ihm, mit allen seinen ... Trieben, läßt sich doch nicht aus den Kräften der Materie erklären. Aus allen möglichen Zusammensetzungen dieser Kräfte entsteht nicht *Selbstbewußtsein, Urteilskraft, Verstand, Vernunft, Gedächtnis, Einbildungskraft* usw. Hier fällt es unsern mechanischen Philosophen schwer, dies unbekannte Etwas mit der großen Weltmaschine, mit Materie und Kraft, in Einklang zu bringen.« – Und im besonderen versuchte sich Jung-Stilling mitsamt der restlichen Christenheit durch eine extrem illusionistische Auslegung jener subjektivierten Weltanschauung,

6 Das Uhrwerk als mechanisches Weltmodell. Henry Bridges Pendule »Der Mikrokosmos« (Tischuhr mit Pendel), 1734, nach einem Stich der Pariser National-Bibliothek. Aus: Klaus Maurice, »Die französische Pendule des 18. Jahrhunderts«, 1967

7 Wanderer am Weltenrand. Holzstich. Eine vielfach – ohne Schmuckrahmen – nachgedruckte und als spätmittelalterlich ausgegebene Darstellung menschlicher Anschauungsgrenzen. Aus: Camille Flammarion, »L'Atmosphère – Météorologie populaire«, 1888 ▷

die damals in Kants kritischer Kategorienlehre gipfelte, aus der Affäre zu ziehen: »Die menschlichen Sinne empfinden nur die Oberfläche der Dinge in Raum und Zeit, das ist, in der *Ausdehnung* und *Aufeinanderfolge* – in ihr inneres Wesen dringt kein erschaffener Geist, nur allein der Schöpfer, der sie gemacht hat. Wir sind eingeschränkte Wesen, daher sind auch alle unsere Vorstellungen [so] eingeschränkt: ... daß uns alle Dinge ... [nebeneinander] im *Raum* und nacheinander ... in der *Zeit* erscheinen. Der Raum und die Zeit entstehen also bloß in unserer Seele; außer uns, im Wesen der Natur selbst ist keines von beiden. Da nun alle Bewegungen« – und mit diesem Begriff kam Jung-Stilling zum Angelpunkt jeglicher materialistisch-mechanischer Weltauffassung – »in der ganzen Schöpfung in Raum und Zeit geschehen, ohne beide keine Bewegung möglich ist, so sind auch alle Bewegungen in der ganzen Schöpfung bloß Vorstellungsformen in unserer Seele, die aber in der Natur selbst nicht stattfinden. Folglich sind auch alle Weltsysteme, auch selbst das kopernikanische, bloß Vorstellungsformen.« »... so ist das, was wir *Materie, Kraft und Wechselwirkung aufeinander* nennen, bloß menschliche Vorstellung, in der Wahrheit befindet sich Alles anders«. »... und da kann sich eben so gut das Firmament in 24 Stunden um die Erde bewegen, als die Erde um die Sonne«. (Abb. 7)

Es war buchstäblich eine Flucht nach innen, zu bloßen Vorstellungen, mit der Jung-Stilling hier nicht nur die mittlerweile anerkannten Sachverhalte des kopernikanischen Weltbildes, sondern jegliche Weltanschauung als unwillkürliche, ja zwangsläufige Vorstellungsillusionen ausgab. Solche Ansichten, daß nämlich menschliches Erkennen und Wissen in jedem Fall Täuschung, wahre Erkenntnis und Weisheit nur im Reich der Geister und von Gottes Gnade zu erwarten seien, waren zwar nichts Neues – schon Bischof Berkeley hatte zu Beginn des 18. Jahrhunderts mit seiner folgenreichen »Neuen Theorie der Wahrnehmung« Gesichts- und Tastempfindungen als im Grunde unvergleichbar und somit gleichermaßen illusorisch »entlarvt« – aber im 19. Jahrhundert nahm sich solche Weltflucht inmitten der expandierenden Naturerkenntnis zunehmend bizarrer aus, deutete auf tiefsitzende »Komplexe«einer ganzen Gesellschaft.

Von einem regelrechten »kopernikanischen Schock« sprach Ernst Benz in seinem letzten Buch über »Kosmische Bruderschaft [und] Die Pluralität der Welten« (1978) im Rückblick auf den neuzeitlichen »Verlust der astronomischen Mitte« und dessen Auswirkungen auf die Kollektiv-Psyche: »Die aus dem alten Sinngefüge herausgerissene Menschheit sah sich genötigt, mit einem neuen Weltbild geistig, seelisch und gefühlsmäßig fertig zu werden, das ihr bisheriges Selbstverständnis völlig in Frage stellte –«. Dieser Schock sei nicht von heute auf morgen wirksam geworden, schrieb Benz über »Seine Folgen und seine Ausbreitung«; der Schock habe die breitere Öffentlichkeit vielmehr nur langsam erfaßt; erst Giordano Bruno, der im Jahr 1600 in Rom verbrannt wurde, »der fast rauschhaft ergriffene Verkünder der *Unendlichkeit,* habe das alte Haus der Welt wirklich zertrümmert und die Fixsterne als Kerne neuer, im Unermeßlichen verdämmernder Sonnensysteme erwiesen« (laut Ortega y Gasset, in: »Die weltgeschichtlichen Krisen«). Wolle man das Phänomen des kopernikanischen Schocks wirklich erfassen, so meinte Benz, müsse man sich an solche Zeugnisse halten, in denen die Erkenntnis der Folgen dieses neuen Weltbildes in der religiösen Erfahrung durchbreche. Ein so frommer Mann wie der Schuhmacher (und Mystiker) Jakob Böhme (1575–1624) zum Beispiel sei von Melancholie ergriffen gewesen und habe entsetzt das Aufsteigen gottloser, nihilistischer Gedanken beim Blick in die schreckliche Tiefe der neuen Welt empfunden.

Dem anfänglichen Angstgefühl eines »verzweifelten Sichverlierens im Abgrund der Welten«, in der »weiten Leichengruft des Alls« (Jean Paul) folgte – laut Benz – eine Phase der »Belebung des so entsetzlich leeren kopernikanischen Universums durch Gestirnbewohner«. Allenthalben bemühten sich Naturforscher und Philosophen, den Gedanken an eine Bewohntheit anderer Planeten unseres Sonnensystems oder anderer, weit entfernter Sonnensysteme wissenschaftlich und populär zugleich zu begründen. Den Reigen dieser an der »Vielheit der Welten« sich emporrankenden Literaturgattung eröffnete im Jahre 1686 Bernard Le Bovier de Fontenelle (1657–1757) mit seinem »Discours sur la Pluralité des Mondes«, einer Schrift, die sich bereits mit der Kardinalfrage jeglicher »Exo-Biologie«, ob nämlich Lebewesen anderer Gestirne menschähnlich

8 »Szene auf dem Jupiter. Mediumistische Zeichnung Victorien Sardous«. Aus: Camille Flammarion, Direktor der Sternwarte zu Juvisy-Paris, »Unbekannte Naturkräfte«, 1906 (deutsch 1908)

seien oder nicht, beschäftigte. Mit solchen Spekulationen war nicht nur der wissenschaftlichen Phantasie, sondern noch viel mehr der religiösen Einbildungskraft ein neues Reich erschlossen. (Abb. 8)

Für eine derart blühende Phantasie wurden Planeten und Kometen nicht nur zu Wohnorten der verschiedenartigsten Lebewesen und Intelligenzen, sondern auch zu »Pflanzstätten der Geister« oder zu wahrhaft interstellaren Himmelsleitern der Seelenwanderung und der exklusiven Genie-Fortpflanzung, wie sie offenbar Goethe im Sinn hatte. Verständlich auch, daß selbst die christliche Erlösungs- und Heilsgeschichte angesichts der Pluralität der Welten neu überdacht werden mußte, sich nun gewissermaßen zum untergeordneten Akt eines kosmischen Fortsetzungsdramas relativierte, daß andererseits alten Vorstellungen von einer hierarchischen Ordnung der Himmel und ihrer Bewohner zu neuartigem Leben verholfen wurde. Nicht nur der Geisterseher Swedenborg und seinesgleichen nahmen sich dieses Themas in aller Ausführlichkeit an, auch erklärte Skeptiker beschäftigten die möglichen Bewohner anderer Welten sowie deren moralischer, technologischer etc. Entwicklungsstand: Kants berühmte »Allgemeine Naturgeschichte und Theorie des Himmels oder Versuch von der Verfassung und dem mechanischen Urprung des ganzen Weltgebäudes, nach Newton'schen Grundsätzen abgehandelt« (1755), die in der Geschichte der modernen Kosmologie eine eminent wichtige Rolle spielte, enthält als dritten Teil wie selbstverständlich den »Versuch einer auf die Analogien der Natur gegründeten Vergleichung zwischen den Einwohnern verschiedener Planeten«.

Die Annahme einer zunehmenden Vervollkommnung und Durchgeistigung intelligenter Lebewesen auf anderen Welten eines von den Gesetzen der Mechanik beherrschten materiellen Univer-

9 »Die Nachtmahr«. Gemälde des »Phantasten« Johann Heinrich Füssli, 1781, das in großformatiger Reproduktion im Ordinationszimmer Sigmund Freuds hing. Eine der berühmtesten bildlichen »Materialisationen« von Geistern aus der Tiefe des menschlichen Gemüts. Aus: Gert Schiff, »Johann Heinrich Füssli«, 1973

sums hatte die alte Seelenfrage und das Geisterproblem sozusagen noch in die äußere Tiefe eines ganz normalen dreidimensionalen Weltenraums projiziert; gänzlich andere Tiefen – und Untiefen – taten sich hinter jener erkenntnistheoretischen Verunsicherung der alltäglichen Erfahrungen und des naiven Augenscheins, wie sie beim Pietisten Jung-Stilling zu Worte kamen, auf: die Abgründe und Himmelshöhen der inneren Welten, der schier unergründlichen menschlichen Seele, die nun – sozusagen magnetisch – die Aufmerksamkeit des ausgehenden 18. Jahrhunderts an sich zogen (vgl. Abb. 9). Aber damit nicht genug: Auch der feste Boden aufgeklärter Weltanschauung, die dreidimensionale Wirklichkeit des Naturgeschehens, war im Begriff, sich als weit mannigfaltiger als bisher gedacht zu entpuppen.

3 Wissenschaftlicher Aberglaube – Von Mesmers animalischem Magnetismus zu den Mannigfaltigkeiten mathematischer Mystifikation: Die Verwandlung der Geister zu intelligenten Wesen höherer Dimension

»Der tierische Magnetismus und mannigfaltige Erfahrungen an Kranken haben mich belehrt und unwiderlegbar überführt, daß der unsterbliche Geist, der göttliche Funke im Menschen mit einem ätherischen oder Lichtkörper unzertrennlich verbunden sei«, lautete Jung-Stillings Erklärung für die beunruhigende Fähigkeit mancher Menschen »mit Geistern in Umgang oder in Rapport zu kommen«; und aus solcher »Erklärung« ergab sich folgerichtig weiter, »daß die Menschenseele als zukünftiger Bürger des Geisterreichs in diesem Erdenleben in den tierischen Körper gleichsam verbannt und vermittelst der Nerven an ihn gefesselt sei ... [und] daß dieser innere Lichtmensch während dieser Gefangenschaft angewiesen sei, seine Belehrung durch die fünf sinnlichen Werkzeuge und nicht durch den Umgang mit dem Geisterreich zu bekommen, daß er aber durch den Magnetismus, durch gewisse Krankheiten und durch andere Mittel von den Banden des Körpers mehr oder weniger entbunden mit dem Geisterreich in Verbindung kommen könne ...«. Im besonderen sei es der schon aus der Physik bekannte Lichtäther, den Newton bereits als Sensorium Gottes gedeutet habe, der zwischen den Welten der Materie und der Geister vermittle; die Mittel und Wege aber, mit Geistern in Kontakt zu treten, könnten dem normalen Christen nicht empfohlen werden – im Gegenteil. Wenn man aber von Geistererscheinungen heimgesucht werde, so sei äußerste Skepsis geboten: Es sei unerläßlich, »daß man jede Erscheinung aus dem Geisterreich ehrlich und unparteiisch auf das schärfste und genaueste prüfen und untersuchen müsse, um das Wahre vom Falschen, Betrug und Täuschung von Wirklichkeit und das Spiel der Einbildungskraft von dem wesentlichen Dasein eines Geistes mit Gewißheit unterscheiden zu können«. »... wenn mir ein Engel, ja Christus selbst erschiene, so müßte er mir beweisen, daß er das sei, wofür er sich ausgäbe, weil ich durch falsche Geister betrogen werden kann«.

Solche Vorsichtsmaßregeln entsprangen einem Beweisnotstand, in den die Geisterseherei im Zuge der Aufklärung und vor allem nach Kants boshaft-eleganter Abrechnung mit Swedenborg geraten war; und Jung-Stilling, der als »Beweise« durchweg Geschichten vom Hörensagen anführte, wurde nicht müde, mit verschämt-voyeuristischer Ernsthaftigkeit auf die Gefahren und Täuschungsmöglichkeiten hinzuweisen. Einerseits hatte er Selbsttäuschungen mehr oder minder unwillkürlich-sündhafter Natur im Sinn: »Die fleischliche Liebe ist besonders bei dem weiblichen Geschlecht die reichhaltigste Quelle der magnetischen Entzückungen und daher entstehenden gräulichen Verirrungen; vorab wenn sich religiöse Empfindungen damit vereinigen.« Andererseits waren es aber die professionellen Täuscher und Betrüger, die nach Meinung Jung-Stillings »den Glauben an Ahnungen, Visionen und Geistererscheinungen mit Schimpf und Schande gebrandmarkt« hatten – allen voran der »Erfinder« des tierischen Magnetismus, Franz Anton Mesmer (1734–1815), der »durch die ausgelassenste Charlatanerie und den schrecklichsten Mißbrauch« zur Verachtung des Geister- und Sinneswelt verbindenden Phänomens beigetragen habe.

»Der tierische Magnetismus ist aus mystischen Vorstellungen hervorgegangen, die anderen in der nämlichen Zeit in der Wissenschaft verbreiteten Ideen durchaus ähnlich sind«, schrieb Wilhelm Wundt (1832–1920), einer der großen Universalgelehrten des 19. Jahrhunderts und Mitbegründer der experimentellen Psychologie in einem Essay mit dem Titel »Der Aberglaube in der Wissenschaft« (1880). »In der Dissertation vom Jahre 1766, mit welcher Anton Mesmer seine Laufbahn eröffnete, ›Über den Einfluß der Planeten auf den menschlichen Körper‹, hören wir einfach einen Naturphilosophen des 18. Jahrhunderts ... In jener Erstlingsschrift behauptete Mesmer, durch die nämliche Kraft, welche die Erscheinungen der Ebbe und Flut erzeugten, wirkten die Planeten und unsere eigene Erde auf den menschlichen Körper. Die Naturkraft, die alle diese Wirkungen hervorbringe, sei der Magnetismus ... Dies ist eine phantastische Hypothese, die ebensoviel wert ist wie hundert andere, die in der Periode unserer Naturphilosophie aufgetaucht sind: sie ist mystisch, aber nicht abergläubisch. Die Wendung zu letzterem vollzog sich aber freilich sehr bald. Zunächst behauptete Mesmer, durch Bestreichen mit Magneten ... könnten Krankheiten, die von Störungen im Nervensystem herrührten, geheilt werden. Dann wollte er entdeckt haben, die magnetische Kraft sei in einzelnen Menschen, namentlich auch in ihm selber, in besonderer Stärke angehäuft. Demgemäß ließ er bei seinen Kuren die Magnete weg und führte mit der Hand die Bestreichungen aus. Bald erklärte er endlich, schon die Berührung oder der Blick des Magnetiseurs seien wirksam, ja dieser vermöge seine wunderbare Kraft an äußere Gegenstände mitzuteilen, z. B. an Eisenstäbe, an mit Wasser gefüllte Flaschen u. dgl. Hiermit war nun offenbar die Sache in das Stadium der Zauberei eingetreten ...«

Wundt interessierte die Entwicklung des magnetischen Wunderdoktors »vom Standpunkte des Mythologen« und im Hinblick auf die Auswüchse, die der wissenschaftliche Aberglaube ein Jahrhundert später gezeitigt hatte: »Wenn jemand die Frage aufwürfe, wie eine Mythologie sich ausnehmen möchte, die nicht in einer grauen vorhistorischen Vergangenheit und in der Kindheit der Völkerentwicklung, sondern mitten im Licht der Geschichte, unter modernen Kulturverhältnissen und unbeeinflußt von historischen Traditionen entstände, so würde wohl jeder zu einer solchen Frage den Kopf schütteln. Nun, die amerikanische Nation hat das Problem gelöst, und diese Lösung ist der ›Spiritismus‹.«

Wundts ironisch-antiamerikanischer Ausfall kam nicht von ungefähr; schon ein Jahr zuvor (1879) hatte er in einem »Der Spiritismus« betitelten »Offenen Brief an Herrn Prof. Dr. Herm. Ulrici in Halle«, einen dem Geisterglauben verfallenen Kollegen, die »schweren moralischen und intellektuellen Folgen, die eine weitere Ausbreitung spiritistischer Überzeugungen in der wissenschaftlichen Welt notwendig nach sich ziehen müßte«, voller Sarkasmus dargelegt: Gesetzt den Fall, man nähme, wie der hochgeehrte Herr Ulrici, die spiritistischen Phänomene als erwiesen an, so stünden derzeit drei Hypothesen zur Debatte: 1) Äußerungen von Naturkräften, 2) Wirkungen intelligenter Wesen, welche einem *vier*dimensionalen Raum angehören, und welche daher die Fähigkeit besitzen, abwechselnd in unseren dreidimensionalen Raum mit ihren Handlungen einzutreten und aus demselben wieder in die uns nicht zugängliche vierte Dimension zu verschwinden, 3) Manifestationen sogenannter Geister oder Gespenster. – Im Folgenden erläuterte Wundt dann Herrn Ulrici, der sich gegen Hypothese zwo und für Hypothese drei glaubte entscheiden zu müssen, »daß zwischen den beiden Hypothesen ein wesentlicher Unterschied nicht existiere«.

Vor allem die Hypothese intelligenter, vierdimensionaler Wesen, die damals auch in seriösen Fachkreisen von sich reden machte, war für Wundt wohl der Anlaß, sich mit der Entstehung eines solchen Aberglaubens in der Wissenschaft gründlicher auseinanderzusetzen: »Die ersten Regungen des Spiritismus gehen auf die vor etwa 50 Jahren vor der Neuen Welt aus sich epidemisch auch über Europa verbreitenden Erscheinungen des Tischrückens zurück«, notierte er in seinem Essay von 1880 (vgl. Abb. 10). »Daran reihten sich die Manifestationen der Klopfgeister. Nun entstand die Vorstellung, daß bestimmte Menschen, die sogenannten Medien, in einen intimeren Rapport mit den Geistern zu treten vermöchten. Zugleich wurde jetzt erst in bestimmterer Weise die Ansicht ausgebildet, daß die Geister, die auf verschiedenen Wegen – mündlich, schriftlich oder sogar mittels eigens erfundener Instrumente – ihre Gedanken den Medien mitteilten, verstorbenen Menschen angehörten. Endlich

10 »Starke Hochhebung des Tisches«. Photographische Aufnahme während einer spiritistischen Sitzung. Aus: Camille Flammarion, Direktor der Sternwarte zu Juvisy-Paris, »Unbekannte Naturkräfte«, 1906 (deutsch 1908)

behauptete man, daß die Geister gelegentlich in einer ihrem einstigen Körper gleichenden leiblichen Hülle erscheinen könnten; und hieran reihten sich schließlich Mitteilungen der Geister und Medien über das Jenseits und die Schicksale der Seele nach dem Tode.«

Diese mythologische Neubildung sah Wundt von einer allgemein verbreiteten, aber schon verblaßten Form des Volksaberglaubens, vom Gespensterglauben ausgehen, der noch dazu anfänglich in seiner phantasielosesten Form, in der des Klopfgeistes aufgetreten sei. Daraus hätten sich Rudimente eines Ahnenkultes entwickelt, und an letzteren hätte sich endlich, freilich nicht ohne Mitwirkung klassisch gebildeter Geister, denen die Vorbilder hellenistischer und germanischer Mythologie nicht ganz unbekannt geblieben sein dürften, ein Zyklus mythologischer Jenseits-Vorstellungen angeschlossen. Bezeichnend für die Entwicklung des Spiritismus sei, daß er in allen Phasen die Tendenz gezeigt habe, sich in ein wissenschaftliches Gewand zu hüllen. Beachtenswert seien auch die eigentümlichen Entstehungsbedingungen, durch die der Spiritismus bis jetzt einzig dastehe in der Geschichte der menschlichen Verirrungen: Die charakteristischen Formen des Aberglaubens der Gegenwart, sowohl der Mesmerismus wie der Spiritismus, seien bis dato auf die Kreise der sogenannten gebildeten Stände beschränkt geblieben. Schon dadurch spielten sie, so sehr sie in einzelnen Zügen den alten Traditionen des Volksaberglaubens sich näherten, doch stets in das Gebiet des wissenschaftlichen Aberglaubens hinüber.

Die eigentliche Domäne des wissenschaftlichen Aberglaubens aber diagnostizierte Wundt inmitten der wissenschaftlichen Lehrstühle und Hochämter selbst: Schließlich seien Astronomie, Theologie und Philosophie von alters her die Pflanzstätten oder Ableger abergläubischer, mystischer, astrologischer, alchemistischer oder naturphilosophischer Weltanschauungen gewesen. Generell betrachtet lasse der wissenschaftliche Aberglaube zwei Entwicklungsformen unterscheiden: Einerseits könnten gewisse weitverbreitete Bestandteile des Volksaberglaubens Eingang in die Wissenschaft finden, würden von dieser im wissenschaftlichen Sinne umgestaltet und, wenn es gut ginge, schließlich zu mystischen Anschauungen veredelt. Die zweite Entwicklungsform nehme umgekehrt in der Wissenschaft selbst ihren Ursprung: Sie gehe hier meistens aus mystischen Vorstellungen, namentlich aus Hypothesen von mystischem Charakter hervor und könne, wenn sie weitere Verbreitung fände, schließlich wieder auf den Volksaberglauben befruchtend zurückwirken. Während der wissenschaftliche Aberglaube früherer Jahrhunderte in der Astrologie, also in der mystischen Verwertung astronomischer Tatsachen gipfelte, hätten jetzt hauptsächlich die Gebiete der Elektrizität und des Magnetismus an Einfluß gewonnen. Darin wirke der mächtige Aufschwung dieser Zweige der Physik im Jugendalter des animalischen Magnetismus noch deutlich nach. Nur in beschränkteren wissenschaftlichen Kreisen hätten auch mystische Raumspekulationen eine gewisse Rolle gespielt. – Doch gerade die mathematische Mystik schien Wundt besonders beachtenswert: »Der religiöse und der philosophische Mystizismus ist des öfteren Gegenstand historischer Darstellung gewesen; die Geschichte des mathematischen Mystizismus hat noch niemand geschrieben.«

Diese Art des Mystizismus sei in drei Formen aufgetreten: Die erste und älteste sei die Mystik der Zahlen. Sie sei eine Tochter der Zahlensymbolik und habe ihrerseits den Zahlenzauber, eine im Mittelalter vielgepflegte Form des Aberglaubens, geboren. – Die zweite, relativ unschädlichste Form des mathematischen Mystizismus lehne sich an den Unendlichkeitsbegriff an. Dieser sei namentlich zu theosophischen Spekulationen mannigfach verwertet worden. So habe Nikolaus Cusanus, ein tiefer, aber mystischer Denker des 15. Jahrhunderts, das Problem der Dreieinigkeit Gottes gelöst, indem er sich die Trinität als ein Dreieck mit unendlich langen Seiten vorstellte, welche seiner Meinung nach eben wegen ihrer Unendlichkeit in eine einzige zusammenfielen. – Die dritte und jüngste Form des mathematischen Mystizismus endlich sei von der Geometrie der Raumvorstellungen ausgegangen: Der Raum habe drei Dimensionen, warum könne er nicht vier oder mehr haben? Dem Mathematiker, der die begrifflichen Eigenschaften räumlicher Mannigfaltigkeiten von mehr als drei Dimensionen untersuche, könne das Recht hierzu nicht bestritten werden. Sobald dagegen an die reale Möglichkeit solcher übersinnlicher Räume geglaubt werde, so würden derartige Spekulationen mystisch, und sie würden abergläubisch, wenn man etwa der Meinung huldige, daß irgendwelche zauberhaften Wirkungen von einer vierten oder höheren Dimension ausgingen. Dieser dritten Form werde gewöhnlich ein sehr moderner Ursprung zugeschrieben; doch scheine schon ein englischer Mystiker des 17. Jahrhunderts, Henry More, die vierte Dimension als Heimstatt der Geister und Seelen ins Auge gefaßt zu haben.

Für das ausgehende 19. Jahrhundert jedenfalls und das beginnende 20. wurde die »vierte Dimension« bald zum geflügelten Wort – und das nicht nur im Hinblick auf die Geisterschlupfwinkel in übersinnlichen Räumen. Doch die populären Spekulationen über die Natur mesmerischer und spiritistischer Phänomene – sie umfaßten bald das ganze heute bekannte oder denkbare Spektrum mysteriöser und unerklärlicher Vorgänge: Hypnose, Hellsehen, außersinnliche Wahrnehmungen verschiedenster Art, Präkognition, Telekinese, Teleportation etc. (vgl. Abb. 11) – waren gewissermaßen nur Oberflächenerscheinungen einer tiefgreifenden und folgenreichen Umwälzung im wissenschaftlichen Naturverständnis: Im 19. Jahrhundert verlor die Euklidische Geometrie ihre bis dahin unumstrittene Geltung als einzig mögliche (Raum-)Ordnung der Dinge; im Jahr 1854 hatte der Mathematiker Bernhard Riemann, von der Öffentlichkeit kaum beachtet, eine umfassende Theorie »beliebiger n-dimensionaler Mannigfaltigkeiten« präsentiert. Der für menschliche Sinne unmittelbar zugängliche Konfigurationsraum der Dinge und Wirkungen und deren mannigfaltige Funktionsräume traten endgültig auseinander – und zwar nach zwei Seiten zugleich, denn die Euklidische Geometrie ließ sich auch nicht länger mehr mit den Eigenschaften des menschlichen Sehraumes gleichsetzen, wie die Forschungen der von Wilhelm Wundt mitbegründeten physiologischen Psychologie oder »Psychophysik« ergeben hatten.

Wundt selbst stand mit seiner Spiritismus- und Aberglaubenskritik von 1879/80 noch auf dem äußerlich unerschütterten Boden »klassischer« Naturwissenschaft; die revolutionären Auswirkungen der Riemannschen Raumauffassung, Einsteins Relativitätstheorie, Plancks Quantenphysik etc. waren noch nicht vorauszusehen; und noch viel weniger die phantastischen und bizarren Spätfolgen dieser mathematischen Revolution, die heute mit Atomphysik, »Big Bang«, Schwerkraftkollaps und »schwarzen Löchern« einen neuen wissenschaftlichen Mystizismus einläuten. Aber Wundt hatte als

11 Austritt eines »teleplastischen Gebildes« aus dem Munde eines verschleierten Mediums. Blitzlichtaufnahme vom 16. 5. 1913. Aus: Dr. A. Freiherr von Schrenck-Notzing, praktischer Arzt in München, »Materialisationsphaenomene – Ein Beitrag zur Erforschung der mediumistischen Teleplastie«, 1923

»Mythologe« ein sicheres Gespür für die »historischen« Dimensionen der neuen wissenschaftlichen Formen des Aberglaubens und der Mystik – aus einer allgemeinen Weltanschauung heraus, die es längst zur Gewohnheit machte, in historischen Perspektiven zu denken. Historisierung auch des scheinbar Unerklärlichen, der Wunder und Visionen im Rahmen größerer kulturgeschichtlicher Abläufe, das hatte schon die voraufgehenden Generationen beschäftigt und zu Mutmaßungen und Forschungen angehalten.

4 Auf dem Wege zu einer Kulturgeschichte des »dritten Auges« und des »zweiten Gesichts«: Die Physiologie und Systematik der phantastischen Gesichtserscheinungen

»In der phantasiereichen Zeit des Mittelalters muß die religiöse Vision unendlich häufig gewesen sein; und selbst die lebenskräftigsten, sinnlich gesündesten Menschen ... waren diesen Selbsterscheinungen in ihren Sinnesorganen oft ausgesetzt«, schrieb »der große Physiolog« Johannes Müller (1801–1858), der Lehrmeister einer bedeutenden Forschergeneration – zu seinen Schülern zählten Emil Du Bois-Reymond, Hermann von Helmholtz, Rudolf Virchow, Ernst Haeckel und andere – im Jahre 1826 in »einer physiologischen Untersuchung« »Über die phantastischen Gesichtserscheinungen«. Diese Schrift des jungen Professors der Medizin an der Universität Bonn markierte in der Behandlung des heiklen Themas »Geisterseherei« die Schwelle zwischen romantischer Naturphilosophie und exakter Experimental-Physiologie; falsche und irreführende Deutungen und Erklärungen, wie sie in den voraufgehenden Epochen gang und gäbe waren, auszuräumen, war das erklärte Ziel seiner »physiologischen« Untersuchung: »So sehen wir denn auch im Mittelalter auf Grund eines mißverstandenen einfachen Phänomens, der Vision in der magischen Ekstase, die Menschen nach dem größeren Wunderbaren ringen ... und sich und die Natur immer tiefer mißverstehen. Ein Gleiches hat sich in der neueren Zeit ganz auf dieselbe Art mit dem Magnetismus wiederholen wollen.« Die mißverstandene Vision in der Ekstase sei der Grund unzähliger Verirrungen gewesen, und ebenso würden die Erscheinungen des Magnetismus gegenwärtig zum Gegenstand einer Unwissenheit und Schwärmerei, die jeglicher Wissenschaft spotte.

Mochte das visionäre Mittelalterbild des Physiologen Müller auch durch die Magnetismus-Epidemie – also den Rummel um Hypnose, Hellsehen etc. – getrübt sein, über »die phantastischen Gesichtserscheinungen« konnte er mit Autorität, nämlich aus seiner eigenen Anschauung sprechen: »Es ist selten, daß ich nicht vor dem Einschlafen bei geschlossenen Augen in der Dunkelheit des Sehfeldes mannigfache leuchtende Bilder sehe. Von früher Jugend auf erinnere ich mich dieser Erscheinungen, ich wußte sie immer wohl von den eigentlichen Traumbildern zu unterscheiden; denn ich konnte oft lange Zeit noch vor dem Einschlafen über sie reflektieren. Vielfache Selbstbeobachtung hat mich denn auch in den Stand versetzt, die Erscheinung zu fördern, sie festzuhalten. Schlaflose Nächte wurden mir kürzer, wenn ich gleichsam wachend wandeln konnte unter den eigenen Geschöpfen meines Auges. Wenn ich diese leuchtenden Bilder beobachten will, sehe ich bei geschlossenen, vollkommen ausruhenden Augen in die Dunkelheit des Sehfeldes; ... [um zu] beobachten, was in der Dunkelheit des Auges als Reflex von inneren organischen Zuständen ... erscheinen wird. – Wenn nun im Anfang immer noch das dunkle Sehfeld an einzelnen Lichtflecken, Nebeln, wandelnden und wechselnden Farben reich ist, so erscheinen statt dieser bald begrenzte Bilder von mannigfachen Gegenständen, anfangs in einem matten Schimmer, bald deutlicher. Daß sie wirklich leuchtend und manchmal auch farbig sind, daran ist kein Zweifel. Sie bewegen sich, verwandeln sich, entstehen manchmal ganz neu an den Seiten des Sehfeldes mit einer Lebendigkeit und Deutlichkeit des Bildes, wie wir sonst nie so deutlich etwas zur Seite des Sehfeldes sehen. Mit der leisesten Bewegung der Augen sind sie gewöhnlich verschwunden, auch die Reflexion verscheucht sie auf der Stelle. Es sind selten bekannte Gestalten, gewöhnlich sonderbare Figuren, Menschen, Tiere, die ich nie gesehen, erleuchtete Räume, in denen ich noch nie gewesen. Es ist nicht der geringste Zusammenhang dieser Erscheinungen mit dem, was ich am Tage erlebt, zu erkennen. Ich verfolge diese Erscheinungen oft halbe Stunden lang, bis sie endlich in die Traumbilder des Schlafes übergehen. – Nicht in der Nacht allein, zu jeder Zeit des Tages bin ich dieser Erscheinungen fähig. Gar manche Stunde der Ruhe, vom Schlafe weit entfernt, habe ich mit geschlossenen Augen zu ihrer Beobachtung zugebracht. Ich brauche mich oft nur hinzusetzen, die Augen zu schließen, vor allem zu abstrahieren, so erscheinen unwillkürlich diese seit früher Jugend mir freundlich gewohnten Bilder.«

So außergewöhnlich dieser »Augenzeugenbericht« des exakten Physiologen Müller anmuten mag, er selbst war sich der Allgemeinverbindlichkeit seiner Erfahrungen durchaus bewußt: »Daß jeder Mensch wenigstens Spuren dieser Erscheinungen habe, dessen bin ich gewiß ... Daß diese Erscheinungen aber bei unzähligen Menschen mit einer blendenden Lebhaftigkeit und manchmal selbst am hellen Tage bei offenen Augen vorkommt, beweist die Geschichte ihrer verkehrten Auslegungen als Visionen, Spektra, magische Erscheinungen, magnetisches Hellsehen. Dem Arzte sind sie längst bekannt als sogenannte Halluzinationen in Fiebern, in Krankheiten des Gehirns, in der Hysterie, Hypochondrie, Katalepsie, bei Irren, in der Ekstase und verwandten Zuständen.«

Müller kam es jedoch nicht wie Kant auf eine Charakterisierung des Krankhaften an den phantastischen Gesichtserscheinungen, sondern »vor allem auf eine vorurteilsfreie, durchaus nüchterne Selbstbeobachtung im ganz gesunden Zustande an«; und für seine Person konnte er genau den Intensitätsgrad und die Erscheinungsweise der Phantasmen benennen: »Ich kann es auf das bestimmteste unterscheiden, in welchem Moment das Phantasma leuchtend wird. Ich sitze lange da mit geschlossenen Augen ... urplötzlich stehen Gestalten leuchtend da, ohne alle Anregung durch die Vorstellung ... Ich sehe nicht, was ich sehen möchte; ich kann mir nur gefallen lassen, was ich ohne alle Anregung leuchtend sehen muß. Am leichtesten treten diese Phänomene ein, wenn ich ganz wohl bin, wenn keine besondere Erregung in irgend einem Teil des Organismus geistig oder physisch obwaltet, und besonders, wenn ich

12 Ezechiels Vision. Aquarell des englischen »Visionärs« William Blake, um 1805. Es zeigt den alttestamentarischen Propheten am unteren Bildrand, von seinem »Gesicht« überwältigt. Aus: William Blake, Katalog der Kunsthalle Hamburg, 1975

13 Satan in seinem ursprünglichen Glanz. Aquarell von William Blake, um 1805. Der demiurgische Luzifer erscheint hier, von den Elementargeistern der Natur umgeben, auf dem »Sternengrund«. Nach: Kathleen Raine, »Blake and Tradition«, 1962

gefastet habe. Durch Fasten kann ich diese Phänomene zu einer wunderbaren Lebendigkeit bringen.«

Bemerkenswert an Müllers Untersuchungen war vor allem die »Bandbreite«, die er den phantastischen Gesichtserscheinungen zuwies: Vom *plastischen Einbilden im dunklen oder lichten Sehfeld ohne selbständiges Leuchten des Phantasma* als niedrigster Anregungsstufe verfolgte er systematisch ihre Steigerungsformen über das Hellsehen im Halbschlaf, im Traum, im »magnetischen« Zustand bis zum *Einbilden leuchtender Phantasmen in der Ekstase und in leidenschaftlichen Zuständen mit Anerkennung der Objektivität der Erscheinungen;* neben dem *ekstatischen Hellsehen,* das *religiöse Visionen, mantische und magische Visionen, das Teufelsehen, den Umgang mit dem sichtbaren Teufel* und last but not least *das populäre Geister- und Gespenstersehen* umfaßte, führte er auch das *narkotische Hellsehen* sowie die *Phantasiebilder der Irren* an.

Als Zeugen für die verschiedenartigsten optischen oder auch synästhetischen Phantasmen nannte Müller bekannte Persönlichkeiten, zum Beispiel Spinoza und Cardano, aus deren Werken hervorging, daß sie Gesichtserscheinungen hatten, sowie Benvenuto Cellini, der im Kerker religiöse Visionen erlebte; als Gewährsleute der jüngstvergangenen Zeit zitierte er Justus Möser, Nikolai und Moses Mendelsohn, die im Zustand nervöser Erschöpfung oder heftiger Krankheit von Bildern und Stimmen heimgesucht wurden – und er hätte weitere, noch lebende Zeugen heranziehen können, so etwa den damals allerdings kaum bekannten englischen Maler und Mystiker William Blake, der seit früher Jugend von seltsamen Ahnungen und Gesichten verfolgt wurde (Abb. 12, 13).

Die höchste Form erreichte das »phantastische Einbilden« Müllers Meinung nach nur bei klarer Einsicht, daß den Phantasie-Produkten keine Wirklichkeit zukomme; es gehöre schon ein sehr kräftiger Verstand dazu, angesichts phantastischer Gesichtserschei-

14 a und b
Die Welt der Illusionen, bühnengerecht in Szene gesetzt. Titelvignette zum Kapitel »Spiegel und Spiegelapparate«, in: Otto Spamer, »Buch der Erfindungen, Gewerbe und Industrien«, Band 2, 1872 (a); und das Täuschungsprinzip, anschaulich erklärt in der »Gemeinfaßlichen Darstellung der Optik«, »Licht und Farbe« des Wiener Professors Franz Josef Pisko, 1869 (b) ▷

BURGER
Geistererscheinung auf der Bühne.
Zwei Spiegel sind, worin sich selber schaut mit Wonne
Die hohe Himmels- und die höchste Geistessonne.
Ein Spiegel ist das Meer, von keinem Sturm empört,
Ein andrer das Gemüth, von keinem Drang verstört.
Rückert.

14a

14b

nungen die Gesundheit des Geistes zu bewahren und die Objektivität des Angeschauten nicht anzuerkennen: »Dasjenige plastische Eigenleben der Phantasie, welches im harmonischen Verhältnis mit den übrigen Geisteskräften steht, so daß das Gewollte ohne ekstatische Exaltation leuchtend in die Sehsinnsubstanz eingebildet wird, und wobei ein kräftiger, dem Leben der Phantasie gewachsener Verstand die Erscheinung nur als eine Blüte dieser letzteren erkennt, über dem Irrsein, über dem Aberglauben, über der Schwärmerei hoch erhaben, ein schaffender, lebendiger, über seine Produkte denkender Geist, diese höchste, freieste Erscheinung des Phänomens ist höchst selten.« – Diese höchste Steigerung sah Müller im *nach Ideen tätigen Einbilden des Künstlers und Naturforschers* verwirklicht.

Solch schöpferische Potenz wahrhaft »bildlichen Denkens«, dessen psychologische, wissenschaftsgeschichtliche und kunsthistorische Extrapolationen naheliegen, fand Müller beim vielgerühmten Begründer der modernen »Formenlehre«, Goethe, in dessen Schriften »Zur Morphologie und Naturwissenschaft« eindrucksvoll beschrieben: »Ich hatte die Gabe, wenn ich die Augen schloß und mit niedergesenktem Haupte mir in die Mitte des Sehorgans eine Blume dachte, so verharrte sie nicht einen Augenblick in ihrer ersten Gestalt, sondern sie legte sich auseinander, und aus ihrem Innern entfalteten sich wieder neue Blumen aus farbigen, wohl auch grünen Blättern; es waren keine natürlichen Blumen, sondern phantastische, jedoch regelmäßig wie die Rosetten der Bildhauer. Es war unmöglich, die hervorsprossende Schöpfung zu fixieren, hingegen dauerte sie so lange als mir beliebte, ermattete nicht und verstärkte sich nicht. Dasselbe konnte ich hervorbringen, wenn ich mir den Zierat einer buntbemalten Scheibe dachte, welcher dann ebenfalls aus der Mitte gegen die Peripherie sich immerfort veränderte, völlig wie die in unseren Tagen erst erfundenen Kaleidoskope.«

»Kaleidoskopische Metamorphose« könnte man das »erzeugende Prinzip« nennen, das Müller als *Lebensgesetz für die Metamorphose der Phantasiebilder,* offensichtlich angeregt durch Goethes morphologische Studien, am Schluß seiner Schrift entwickelte; ein »generatives« Prinzip, das die Kulturgeschichte des Menschengeschlechts wesentlich mitbestimmte: »Vom Urphänomen bis zur ...

höchsten produktiven, vernünftigen Steigerung sehen wir das sinnliche Wesen [der phantastischen Gesichtserscheinungen] ... jene bald krankhaften, bald exzentrischen Zustände erzeugen, die unter allen Völkern, in allen Religionen unabweisbar geworden. Alle diese Verirrungen sind doch im Grunde nur Verirrungen des Verstandes, des Urteils in der Auslegung der Äußerungen des [Seh-]Organes ... Wundern wir uns aber nicht, wenn der einfache phantasiereiche Mensch den Verschwendungen dieses seines [Phantasie-]Reichtums unterliegt, wenn er der Selbsterscheinung äußere Objektivität gibt. Er steht hierin doch fast auf gleicher Stufe mit dem erwachsenen gesunden Menschen nach der vollendeten Erziehung der Sinne. Auch wir verwechseln ja die Energien unseres Sinnes in der ihm zukommenden Lebensform des Lichtes, die Affektion der Netzhaut, das subjektive Sehfeld, mit den äußeren Dingen, die nur veranlassende Ursachen zur Verwirklichung inneren [Phantasie-] Lebens sind.«

15 Die Welt der naturwüchsigen Illusionen – Fata Morganen für nordische Berg- und Nebeltouristen. »Das Brockengespenst«. Nach: Camille Flammarion, »L'Atmosphère – Météorologie populaire«, 1888

Alles in allem also eine aufklärerisch-zuversichtliche Fortschrittsgeschichte der kollektiven Lernprozesse im Hinblick auf die unausweichlichen Illusionen einer von äußeren und inneren Quellen gespeisten, normalen, aber zu Phantasmen fähigen Einbildungstätigkeit der menschlichen Psyche; gleichzeitig aber auch der indirekte Hinweis auf das Gefälle zwischen »erwachsener« Anschauungsgewißheit und mühsam errungenem Erkenntnisfortschritt in historischen Dimensionen, das »Objektivierungen« der phantastischen Gesichtserscheinungen allerdings nur als Verstandesverirrungen zu klassifizieren erlaubte. Doch in Anbetracht der kontroversen Einstellungen, Stellungnahmen und Darstellungen zum Thema »Erscheinungen« – da sollten sich beißender Hohn à la Kant über »Ammenmärchen und Klosterwunder« und frömmelnde Selbstbekräftigung bald unversöhnlicher denn je gegenüberstehen – war Müllers Untersuchung ein bedeutender Fortschritt.

5 Konfessionelle und antiklerikale »Erscheinungs«-Perspektiven der Kirchen-Historie: Die christliche Mystik zwischen Heilsgeschichte, Hexenprozessen und Inquisition

»Wenn man die Menschengeschichte, rückwärts, bis ins graue Altertum durchdenkt, so findet man, daß sie immermehr mit den Einwirkungen über- oder untermenschlicher, guter oder böser Wesen durchwebt ist.« Mit diesen Worten hatte Jung-Stilling die geschichtsträchtige Einleitung seiner »Theorie der Geister-Kunde« begonnen. »Sonderbar ist dabei die sehr richtige Bemerkung, daß sich alle diese Wesen genau nach dem Charakter und dem Grad der Kultur des Volks richten, von dem sie geglaubt, verehrt und verabscheut werden... Unter allen Völkern, Zungen und Sprachen gab es von Anfang der Welt kein einziges, welches Ahnungen,

Gesichte und Geistererscheinungen leugnete; im Gegenteil, wenn etwa hie und da ein Einzelner so klug und so aufgeklärt war, von dem Allem nichts zu glauben, so verabscheute man ihn als einen Gottesleugner, der nach diesem Leben große Strafen zu erwarten hätte ...«; so weit das allgemeine weltgeschichtliche Geisterglauben-Panorama, in das der christliche Heilsprozeß eingreifen mußte: »Zum allgemeinen Segen der Menschheit erschien nun unser anbetungswürdigster Erlöser Jesus Christus: Er und seine Apostel lehrten die reine himmlische Wahrheit und bekämpften allenthalben den Aberglauben und die Irrtümer der Juden und Heiden; aber den Glauben an Ahnungen, Gesichte und Geistererscheinungen bekämpften sie nicht; im Gegenteil, sie erzählten, daß sie selbst dergleichen Erfahrungen gemacht hätten.«

Der Sündenfall der katholischen Kirche vollzog sich, aus lutheranisch-pietistischer Perspektive, mit dem Aufstieg des Christentums zur Staatsreligion: »Nach und nach, aber schon früh, vorzüglich von den Zeiten Konstantin des Großen an ... maßte sich die Geistlichkeit immer größere Ehre an und strebte sogar nach der allgemeinen Weltmonarchie. Da sie nun keine, oder doch nur sehr schwache weltliche Waffen hatte, so erschuf sie sich geistliche, und da bot ihr das Geisterreich ein unerschöpfliches Rüsthaus dar; sie hatte Gewalt über die bösen Geister und konnte sie austreiben ... Jetzt wurde nun auch der Hades ... zum Glutofen umgeschaffen, in welchem alle abgeschiedenen Seelen, die sich der Heiligsprechung nicht würdig gemacht hatten, wozu manchmal nur blinder Gehorsam, äußere Werkheiligkeit und Verfolgung der Ketzer erfordert wurde, wie Silber und Gold geläutert werden mußten. Dies war nun ein vorzüglich mächtiges Mittel, auch die größten Monarchen mit allen ihren Armeen und alle christlichen Nationen unter den Gehorsam der Geistlichkeit zu bringen: denn diese behauptete, daß sie den Schlüssel zum Fegefeuer habe und durch Seelenmessen und Gebete, die sie sich dann gut bezahlen ließ, die armen Seelen daraus erlösen und zur Seligkeit befördern könnte. Diese und noch andere Beweggründe mehr machten es der Geistlichkeit zur Hauptsache, daß sie immer den mächtigen Einfluß der Geisterwelt auf die Menschheit als einen der wichtigsten Punkte der Glaubenslehre handhabte.« (Vgl. Abb. 16a und b)

16a

16 a und b
»Der Schlaf der Vernunft gebiert Ungeheuer« (a). Mit dieser ursprünglich als Titelblatt seiner »Caprichos« vorgesehenen Radierung wollte Francisco Goya 1793–98 »Die

16b

Sprache der Welt«, das heißt die Sprache der universalen Grausamkeiten und monströsen Geistesverirrungen des von Bürgerkrieg und Inquisition heimgesuchten Spanien, bildlich buchstabieren, unter anderem mit dem Blatt »Es gab kein Mittel mehr«, das eine »Hexe« auf dem Wege zur Hinrichtung zeigt (b)

Solch antikatholische Version der Kirchengeschichte aus dem Munde eines protestantischen Sektierers hatte sich unbewußt noch den aufklärerisch-revolutionären Elan zu eigen gemacht, der schon 1773 zur Aufhebung des Jesuiten-Ordens und unter der Französischen Revolution und Napoleon zur zeitweiligen Entmachtung des Papstes geführt hatte. Die weitere »Historisierung« der *Wundervollen* Geschichte des Christentums vollzog sich unter veränderten Umständen, unter der einsetzenden Restauration, die eine neuerliche Allianz von Thron und Altar, von Staatsmacht und Staatsreligion herbeiführte. Um die Erneuerung der Religiosität und die weltgeschichtliche Rolle der christlichen Religion kreisten auch die Gedanken und Ausführungen einer idealistischen Generation von Dichtern und Denkern. Nach Schleiermachers »Reden über die Religion« und der Religionsphilosophie Hegels, der durch Enthüllung der Offenbarungsformen des absoluten Geistes in Kunst, Religion und Philosophie die Versöhnung von Glauben und Wissen zu vermitteln gedachte, erreichte die »Vergeschichtlichung« der christlichen »Wahrheiten« in den 30er Jahren des 19. Jahrhunderts ihren Höhepunkt: Im »kirchlichen Revolutionsjahr« 1835 erschien das »Leben Jesu« von Johann David Strauß, eine sozusagen kollektiv-anthropologische Auslegung der Inkarnationslehre, 1841 Ludwig Feuerbachs Abhandlung über das »Wesen des Christentums« – das Dogma einer unanzweifelbaren biblischen Überlieferung war zum Gegenstand kritisch-wissenschaftlicher Mythologie geworden.

Im gleichen Zeitraum erschien eine Reihe von historischen Darstellungen, die quellenkritisch oder polemisch das Kolossalgemälde der Kirchengeschichte in ihren »erleuchteten« und finsteren Partien weiter ausmalten. Im Jahre 1843 kam W. G. Soldans später mehrfach erweiterte »Geschichte der Hexenprozesse«, im selben Jahr eine »Geschichte der Magie« von J. Ennenmoser heraus; beide Bücher hatten neben den »inquisitorischen« auch die »visionären« Seiten ihrer Leitfäden im Auge. Zwei Jahre später folgte Otto von Corvins berühmt-berüchtigter »Pfaffenspiegel«, eine antiklerikale Kampfschrift mit dokumentarischem Anspruch, die bei Dutzenden von Auflagen schließlich in Millionen Exemplaren Verbreitung fand. – Schon ein Jahrzehnt früher, 1836, war ein anderes »Standardwerk« dieser Richtung, aber mit umgekehrtem Vorzeichen, erschienen: »Die christliche Mystik« von Joseph Görres, ein biographisch-historisches Riesen-Kompendium, in dem bereits das ganze Spektrum positiver und negativer Erscheinungsformen – von der *reinigenden Mystik* und *visionären Ekstase* über *dämonische Mystik* und *Besessenheit* zum *Hexen- und Zauberwesen* – erschöpfend abgehandelt war. Am Beispiel unzähliger Heiliger und typischer Inquisitionsverfahren entwickelte Görres eine Geschichte der religiösen Verzückungen und dämonischen Verirrungen von der Ausgießung des Pfingstgeistes an, nicht ohne eine *natürliche Unterlage der Mystik*, das heißt eine quasi-wissenschaftliche »Physiologie« von recht verschachtelter geist-leiblicher Doppelnatur vorauszuschicken.

Aus den *ersten Wurzeln aller Mystik in den Evangelien* sah Görres die *Fortbildung des Christentums im alten Kloster- und Einsiedelerwesen*, repräsentiert durch die Heiligen Paulus und Antonius, hervorgehen. Der *Mystik der Einöde* und der *Mystik des Märtyrertums*, verkörpert im hl. Polykarp und Cyprianus sowie der hl. Perpetua, folgte die *spekulative Mystik* des frühen Christentums, vertreten von Dionysius Areopagita, und die *Reinigung der Zeiten zur Wiedergeburt im Umsturze der alten Welt*, für die auf der *ersten Stufe* der hl. Ansgar, Andreas von Sali und Scotus Erigena standen. Auf der *zweiten Stufe* fand der hl. Bernhard von Clairvaux für den *Fortschritt der Zeiten in Bildung und Erleuchtung* ausführliche Würdigung. Mit der *dritten Stufe*, dem *Orden der neueren Zeit*, erreichte dann Görres zufolge die christliche Mystik ihre *Vollendung auf der Höhe;* und für diesen Höhepunkt der *Entwicklung der späteren Mystik in der Einsamkeit der Zelle* wurde nun von Görres nach der hl. Perpetua die zweite beispielhafte Frauengestalt aufgerufen: die »heilige Hildegardis« – und damit hätten wir unser Stichwort, um von den *Geistergeschichten* der Neuzeit zur Geschichte der mittelalterlichen *prophetissa teutonica* überzuwechseln; doch zuvor ist der Görresschen Mystik-Geschichte noch ein aktueller Aspekt hinzuzufügen:

Während Görres noch mit der Niederschrift seines fast 3000 Seiten umfassenden Werkes beschäftigt war, hatte Justinus Kerner, ein württembergischer »Arzt und Dichter«, 1829 eine Schrift mit dem Titel »Die Seherin von Prevorst. Eröffnungen über das innere

Leben des Menschen und über das Hereinragen einer Geisterwelt in die unsere« publiziert, die großes Aufsehen erregte. Die Visionärin aus einem Vorort des württembergischen Gronau, Frau Friederike Hauffe, geboren 1801, war 1826 mit fiebrigen Halluzinationszuständen in Kerners Behandlung gekommen; seine »Heilungsversuche« mit Hilfe des »Magnetismus« konnten zwar die schon seit ihrer Jugend krankhaft reizbare Frau nicht retten, sie starb 1829; aber immerhin war das Ergebnis eine umfangreiche »Dokumentation« moderner Geisterseherei, allerdings aus der Feder eines Mannes, der erklärter Anhänger des Übersinnlichen war und deswegen auch als *halb gläubiger Betrogener (und) halb schalkhafter Betrüger* charakterisiert worden ist. Doch diesen Makel der Autosuggestion teilte er mit anderen illustren Geistern seiner Zeit: so etwa mit Clemens von Brentano, der unerschütterlich an die Visionen der stigmatisierten Nonne Anna Katharina Emmerich zu Dülmen glaubte.

»Gewiß male ich mir diese Gestalten nicht selbst aus« – so Frau Hauffe laut Kerner über ihre Gesichtserscheinungen –, »denn ich habe nicht die mindeste Freude an ihnen; im Gegenteil, dieses unglückselige Schauen ist mir ganz zuwider ... Leider ist mein Leben nun so beschaffen, daß meine Seele wie mein Geist in eine Geisterwelt schauen, die gleichsam auf unserer Erde ist, und somit sehe ich die Geister nicht nur einzeln, sondern oft in großer Menge ... Ihr Aussehen ist mir gleich einer dünnen Wolke, die man zu durchschauen glaubt, was wenigstens aber ich nicht kann. Ich sah nie, daß sie einen Schatten warfen. Im Sonnen- und Mondenscheine sehe ich sie heller als im Dunkeln, ob ich sie aber auch in ganz finstrer Nacht sehe, weiß ich nicht ... Durch Gegenstände, die vor sie treten, können sie mir bedeckt werden. Mit geschlossenen Augen sehe ich sie nicht, auch nicht wenn ich mich nach ihnen umschaue, aber ich fühle ihre Gegenwart so genau, daß ich den Standpunkt, wo sie stehen, mit geschlossenen Augen, oder nicht nach ihnen schauend, angeben kann ... Die Augen sind hell, oft wie ein Feuer ... Die besseren Geister erscheinen mir heller, die bösen in dunkler Gestalt.« – Dieser Charakteristik, die so offensichtlich um eine »Objektivierung« bemüht war, entsprachen weitere »Poltergeist«-Qualitäten: Sprechen, Ächzen, Stöhnen und die Fähigkeit, Gegenstände zu bewegen, sie zu werfen und Türen hörbar auf- und zuzumachen; insgesamt also eine durchaus der spiritistischen Mode der Zeit angepaßte Erscheinungsweise.

Kerners Seherin von Prevorst war nur die Vorbotin wahrhaft epidemischer Erscheinungen, die bis heute ihre übersinnliche Suggestionskraft nicht eingebüßt haben: Am 11. Februar 1858 hatte Bernadette Soubirous, die vierzehnjährige Tochter eines verarmten Müllers, in einer Felsenhöhle bei Lourdes eine Lichterscheinung. Die Erscheinungen wiederholten sich vor Zeugen, die allerdings selbst nichts sahen, sondern nur den ekstatischen Zustand des Mädchens bemerkten. Trotzdem entwickelte sich auf Grund dieser Begebenheiten eine regelrechte Massenbewegung, die Lourdes bald zum berühmtesten Wallfahrtsort Frankreichs machte, zunächst sogar gegen den Willen der Kirche: auffälligstes Symptom einer massenhaften Bereitschaft, auch im Zeitalter der Wissenschaft und Technik das Heil oder die Heilung im Bereich des Wunderbaren zu suchen – ein Bedürfnis, das sich heute offensichtlich in neuen technoiden oder szientistischen »Religionen« artikuliert.

Die deutsche Prophetin

1 Statt edler Einfalt und stiller Versenkung ein Ausbund an Aktivität und Wissen – Das Lebensbild der mittelalterlichen »Ärztin und Seherin« im Wandel der Forschung

»Da inmitten des Getümmels der Zeiten dem stillen, ernsten, in sich gekehrten Sinne ... so zahlreiche Zufluchtstätten geöffnet waren, mußte wohl die Mystik in ihnen gedeihlichen Fortgang nehmen und zu ihrer höchsten Entwicklung gelangen. Als Ausdruck des neuen Aufschwunges ... mag uns die heilige Hildegardis gelten«; mit diesen Worten leitete Joseph Görres sein Kapitel über die »Entwicklung der späteren Mystik in der Einsamkeit der Zelle« ein. Es war ein romantisches Bild mittelalterlich-klösterlicher Zurückgezogenheit und Weltabgewandtheit, das Görres hier als Nährboden der höchsten Blüte christlicher Mystik ausgab; und auch die exemplarische Einzelblüte, die für ihn solche Vollendung verkörperte, Hildegard von Bingen, war in seiner Darstellung ganz diesem Bilde angepaßt: »Sie, 1098 geboren, war mit acht Jahren im Kloster des Dysibodusberges beschlossen worden, wo sie unter der Zucht der frommen Jutta erwuchs. Schon in ihrer frühesten Jugend war der Durchbruch geschehen; als sie kaum drei Jahre alt gewesen, hatte, wie sie dem Priester Vibert selbst erzählte, eine solche Fülle des inneren Lichtes sie durchgossen, daß sie ... in ihrem Herzen erzitterte; sie hatte damals aber keine Worte gefunden, um, was ihr begegnet, auszusprechen.«

17 »Wisse die Wege«. Buchumschlag einer »erbaulichen« Ausgabe der SCIVIAS-Schrift Hildegard von Bingens, »nach dem Originaltext des illuminierten Rupertsberger Kodex der Wiesbadener Landesbibliothek ins Deutsche übertragen und bearbeitet von Maura Böckeler, Chorfrau der Benediktinerinnen-Abtei St. Hildegard zu Eibingen«, Salzburg 1954 (1928)

»Man sieht deutlich aus diesen ihren Mitteilungen«, lautete Görres' Resümee nach weiteren biographischen Erläuterungen, »wie die Erzählende, von frühester Jugend an ... hellsehend, im allmählichen Vorschritte klösterlicher Askese ins Reich der Gnade übergegangen ... Die Gesichte dauern fort; ihre Seele, von Gott getragen wie eine leichte Feder von der Luft, wird nach seinem Willen zur Höhe des Firmamentes erhoben; ... und sie sieht das Alles nun ... nicht mit äußeren Augen und hört es nicht mit ihrem äußeren Ohre, sondern tief in der Seele zu jeder Tageszeit wie in der Nacht, bei vollkommen wachen Sinnen, ohne alle Verzückung, bei ganzem Bewußtsein. Nun aber wird auch eine Stimme in ihr laut, die ihr gebietet, was sie sehe und höre, niederzuschreiben. Sie, aus weiblicher Geschamigkeit und Furcht vor dem Urteile der Menschen, zögert; und wird dann von einer heftigen Krankheit niedergeworfen, so lange, bis sie ihrem Beichtvater sich entdeckt; wo dann, als dieser ihr Gehorsam rät, und sie zu schreiben angefangen, Kräfte und Gesundheit wiederkehren.«

»Und siehe! Im dreiundvierzigsten Jahre meines Lebenslaufes schaute ich ein himmlisches Gesicht ... Ich *sah* einen sehr großen Glanz. Eine himmlische Stimme erscholl daraus. Sie sprach zu mir: ›Gebrechlicher Mensch, Asche von Asche, Moder von Moder, sage und schreibe, was du siehst und hörst! Doch weil du zu schüchtern bist zum Reden, zu einfältig zur Auslegung und ungelehrt, das Geschaute zu beschreiben, sage und beschreibe es nicht nach der Redeweise der Menschen, nicht nach der Erkenntnis menschlicher Erfindung noch nach dem Willen menschlicher Abfassung, sondern aus der Gabe heraus, die dir in himmlischen Gesichten zuteil wird: wie du es in den Wundern Gottes siehst und hörst ...‹ Und wieder hörte ich die Stimme vom Himmel zu mir sagen: ›So tue denn diese Wunder kund! Und schreibe sie, also belehrt, und sprich‹: ›Im Jahre 1141 der Menschwerdung Jesu Christi, des Gottessohnes, als ich zweiundvierzig Jahre und sieben Monate alt war, kam ein feuriges Licht mit Blitzesleuchten vom offenen Himmel hernieder. Es durchströmte mein Gehirn und durchglühte mir Herz und Brust gleich einer Flamme, die jedoch nicht brannte sondern wärmte, wie die Sonne den Gegenstand erwärmt, auf den sie ihre Strahlen legt ...‹

»So lautet – aus dem Lateinischen übersetzt (von Maura Böckeler, Chorfrau der Abtei St. Hildegard zu Eibingen, 1928 publiziert) – die Beschreibung, welche die Seherin selbst von ihrer Berufungsvision gegeben hat. Diese Beschreibung ist als Vorwort ihrem ersten großen Werk SCIVIAS, das heißt »*Wisse die Wege*«, vorangestellt (Abb. 18); in diesem Vorwort, dessen weitere Erläuterungen wie eine Rechtfertigung klingen, sind sowohl die persönliche Vorgeschichte wie auch die Art und Weise und die Umstände der »Gesichte« sorgfältig aufgezeichnet:

»Die Kraft und das Mysterium verborgener, wunderbarer Gesichte erfuhr ich geheimnisvoll in meinem Innern seit meinem Kindesalter, das heißt, seit meinem fünften Lebensjahre, so wie auch heute noch. Doch tat ich es keinem Menschen kund, außer einigen wenigen, die wie ich im Ordensstande lebten. Ich deckte alles mit Schweigen zu bis zu der Zeit, da Gott es durch seine Gnade offenbaren wollte. – Die Gesichte, die ich schaue, empfange ich nicht in traumhaften Zuständen, nicht im Schlafe oder in Geistesgestörtheit, nicht mit den Augen des Körpers oder den Ohren des

Ecce quadragesimo tercio temporalis cursus mei anno cum celesti uisioni magno timore et tremula intentione inhererem. uidi maximum splendorem. in quo facta est uox de celo ad me dicens. O homo fragilis et cinis cineris. et putredo putredinis. dic et scribe que uides et audis. Sed quia timida es ad loquendum et simplex ad exponendum et indocta ad scribendum ea. dic et scribe illa non secundum os hominis. nec secundum intellectum humane adinuentionis. nec secundum uoluntatem humane compositionis. sed secundum id quod ea in celestibus desuper in mirabilibus dei uides et audis. ea sic edisserendo proferens. quemadmodum et auditor uerba preceptoris sui percipiens. ea secundum tenorem locutionis illius. ipso uolente. ostendente. et precipiente propalat. Sic ergo et tu o homo. dic ea que uides et audis. et scribe ea non secundum te. nec secundum alium hominem. sed secundum uoluntatem scientis uidentis et disponentis omnia in secretis misteriorum suorum. Et iterum audiui uocem de celo michi dicentem. Dic ergo mirabilia hec. et scribe ea. hoc modo edocta et dic.

Factum est in millesimo centesimo quadragesimo primo filii dei Ihesu Christi incarnationis anno. cum quadraginta duorum annorum septemque mensium essem maxime coruscationis igneum lumen aperto celo ueniens. totum cerebrum meum transfudit. et totum cor totumque pectus meum uelut flamma non tamen ardens sed calens ita inflammauit. ut sol rem aliquam calefacit. super quam radios suos ponit. Et repente intellectum expositionis librorum uidelicet psalterii. euuangelii. et aliorum catholicorum tam ueteris quam noui testamenti uoluminum sapiebam. non autem interpretationem uerborum textus eorum. nec diuisionem

18 Ehem. Wiesbaden, Landesbibliothek: SCIVIAS-Kodex, um 1165, fol. 1r: Beginn der »Vorrede« mit voraufgehendem Autorenporträt der Seherin

äußeren Menschen und nicht an abgelegenen Orten, sondern wachend, besonnen und mit klarem Geiste, mit den Augen und Ohren des inneren Menschen, an allgemein zugänglichen Orten, so wie Gott es will. Wie das geschieht, ist für den mit Fleisch umkleideten Menschen schwer zu verstehen.«

»Ihre Gesichte erscheinen durchaus in dem höheren prophetischen Stile des alten Testaments und der Apokalypse, in großen symbolischen Bildern und starken Kontrasten ausgeführt.« Mit dieser Einschätzung der Visionen Hildegards durch Görres war ihnen, zumindest in der rückblickenden Bewertung, ein außerordentlich hohes und keineswegs selbstverständliches »Anspruchsniveau« beigemessen. Offen blieb dabei, ob Görres nur die Wortbilder der »Prophetin« oder auch schon die mittelalterlichen »Übersetzungen« in Buchmalereien im Sinn hatte. – Der ehrenvolle Beiname einer *prophetissa teutonica* war bereits durch eine spezielle »Hildegard-Renaissance« – so die Festschrift 1979 – unter der Federführung des Sponheimer Abtes Johannes Trithemius (1462–1516), der aus den Schriften der Seherin einen umstrittenen Extrakt prophetischer »Weissagungen« herausfilterte, in Umlauf gekommen (und dieser legendäre Ruf sollte gerade in jüngster Zeit seine Attraktivität aufs neue erweisen).

Eine zweite Renaissance wurde der *deutschen Prophetin* schon im 19. Jahrhundert zuteil. In einer umfangreichen wissenschaftlichen Literatur wurden nun die Konturen der Person und ihrer Werke schärfer herausgearbeitet: Von ihrer theologischen Trilogie, SCIVIAS (1144–1150), LIBER VITAE MERITORUM, zu deutsch etwa »Buch der Lebensvergeltung« (1158–1161) und LIBER DIVINORUM OPERUM oder DE OPERATIONE DEI, also kurz »Buch der Gotteswerke« (1163–1173), hob sich ein weiterer, nicht minder bedeutungsvoller Bereich, der Komplex naturwissenschaftlich-medizinischer Schriften ab, und durch eine Veröffentlichung von Briefen und anderen Dokumenten aus dem bislang ungedruckten Nachlaß (1882 von Kardinal Pitra besorgt) gewann man nun auch detaillierteren Einblick in die vielfältigen und regen Kontakte, welche die Äbtissin vom Rupertsberg (des 1151 von ihr gegründeten Klosters) zu bedeutenden Zeitgenossen, Kaiser und Papst unterhielt. Offenbar war die klösterliche Klausur nicht so einsam und

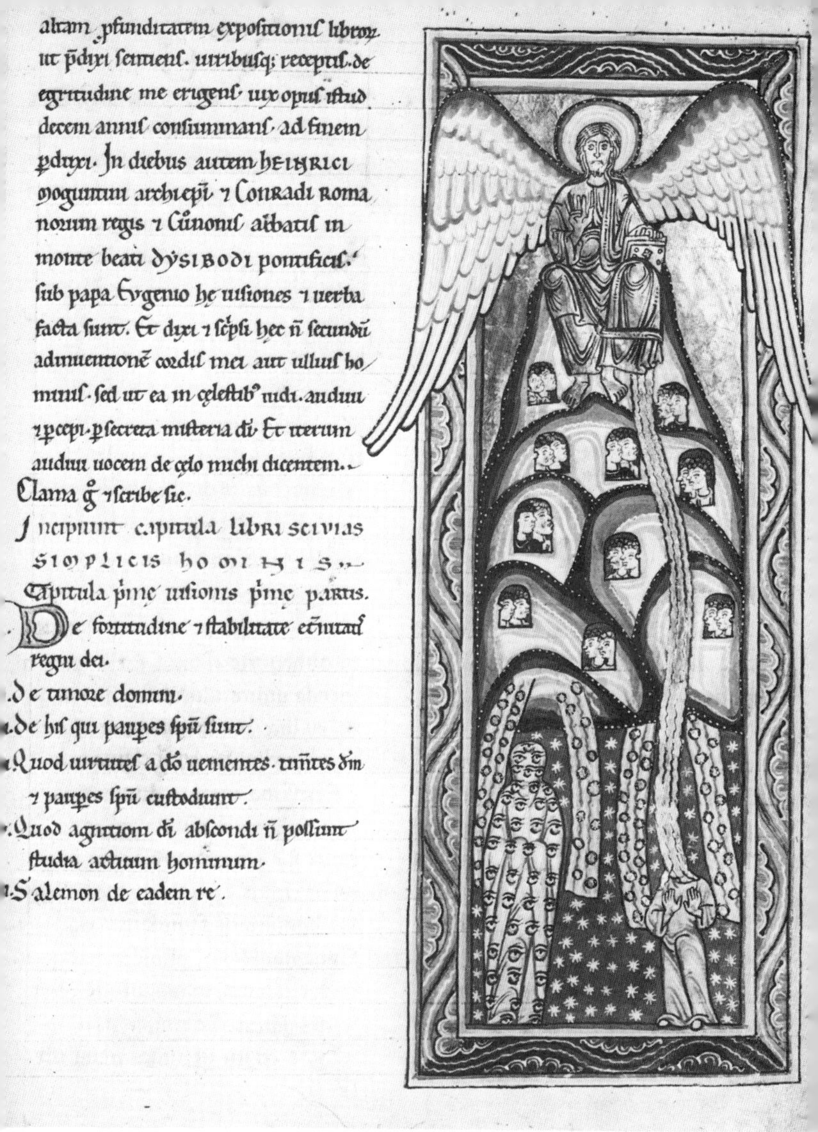
altam profunditatem expositionis librorum
ut predixi sentiens. viribusque receptis de
egritudine me erigens. vix opus istud
decem annis consummans ad finem
perduxi. In diebus autem Heinrici
Moguntini archiepiscopi et Conradi Roma
norum regis et Cunonis abbatis in
monte beati Dysibodi pontificis.
sub papa Eugenio he visiones et verba
facta sunt. Et dixi et scripsi hec non secundum
adinventionem cordis mei aut ullius ho
minis. sed ut ea in celestibus vidi. audivi
et percepi per secreta misteria dei. Et iterum
audivi vocem de celo michi dicentem.
Clama ergo et scribe sic.
Incipiunt capitula libri Scivias
simplicis hominis.
Capitula prime visionis prime partis.
De fortitudine et stabilitate eternitatis
regni dei.
De timore domini.
De his qui pauperes spiritu sunt.
Quod virtutes a deo venientes timentes deum
et pauperes spiritu custodiunt.
Quod agnitioni dei abscondi non possunt
studia actuum hominum.
Salemon de eadem re.

19 Ehem. Wiesbaden, Landesbibliothek, SCIVIAS-Kodex, um 1165, fol. 2r, Erste Vision: der sitzende Leuchtende mit Flügeln auf dem eisenfarbenen Berg; zu seinen Füßen die augenübersäte »Gottesfurcht« (links) und die von einem Lichtstrom übergossene »Demut« (rechts)

20 Ehem. Wiesbaden, Landesbibliothek, SCIVIAS-Kodex, um 1165, fol. 14r, Dritte Vision: das Weltenei mit atmosphärischen und planetarischen Ringzonen

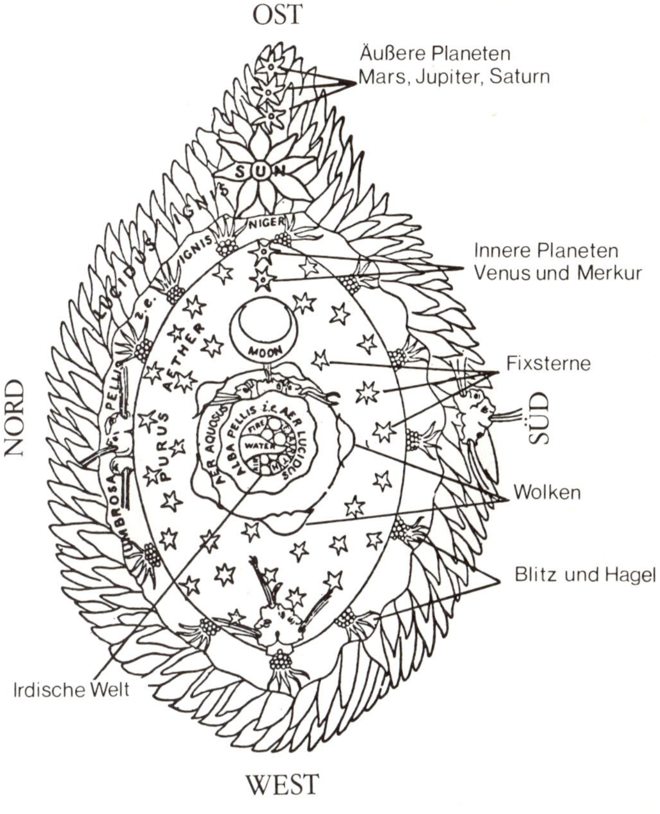

21 Erläutertes Schema zur Dritten Vision im SCIVIAS-Kodex. Nach: Charles Singer, »The scientific views and visions of Saint Hildegard«, in: »Studies in the history and method of science«, 1917

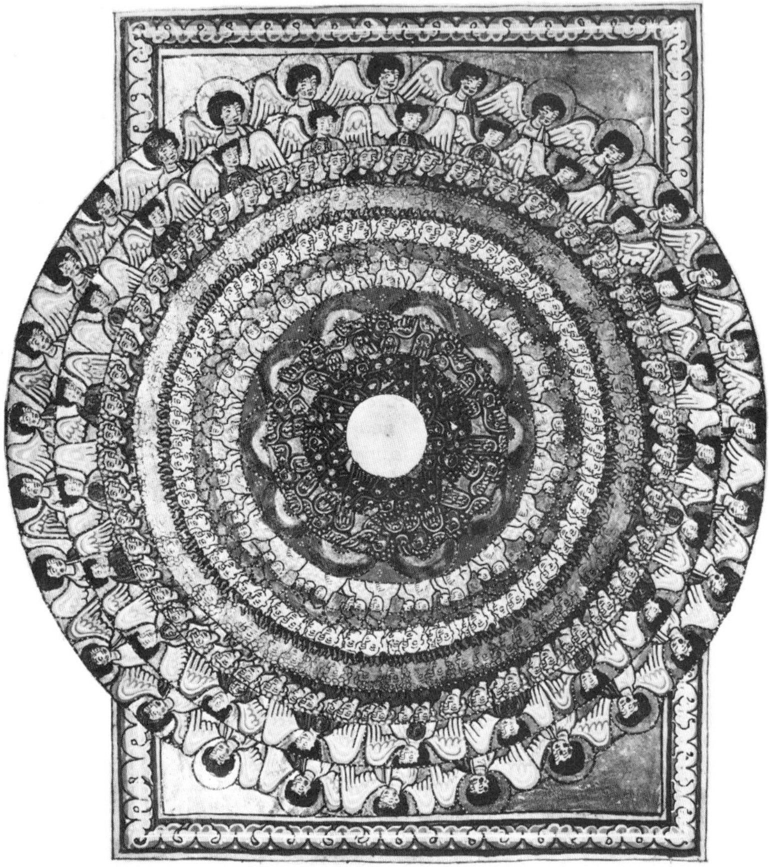

22 Ehem. Wiesbaden, Landesbibliothek, SCIVIAS-Kodex, um 1165, fol. 38r, Sechste Vision: die Chöre der Engel

23 Ehem. Wiesbaden, Landesbibliothek, SCIVIAS-Kodex, um 1165, fol. 47r, Zweites Buch, Zweite Vision: das Dreieinige Wesen der Gottheit als »ein überhelles Licht und darin eine saphirblaue Menschengestalt, die durch und durch im sanften Rot funkelnder Lohe brannte« (Maura Böckeler), in der Miniatur durch Silber und rotgeringtes Gold wiedergegeben

24 Ehem. Wiesbaden, Landesbibliothek, SCIVIAS-Kodex, um 1165, fol. 66r, Zweites Buch, Fünfte Vision: der mystische Leib der Kirche, der sich in Empfängnis und Geburt der Gläubigen vollendet. In der Miniatur blieb die seltsam geflügelte Gestalt unvollendet, wie die fehlenden Umrisse der Arme erkennen lassen

romantisch-weltabgewandt, wie Görres sie ausgemalt hatte; und ihre naturwissenschaftlichen Traktate ließen erkennen, daß in ihnen ein Wissen von enzyklopädischen Ausmaßen verarbeitet war, daß ihre Verfasserin eine der »gebildetsten« Frauen ihrer Epoche gewesen sein mußte. Konnte man also ihrer ausdrücklichen Erklärung, sie habe ihre Erleuchtungen in reiner Einfalt empfangen und gewissermaßen nach himmlischem Diktat aufgezeichnet, glauben? Für Theologen stellte sich damit in erster Linie das Problem, welcher Rang, das heißt, welche dogmatische Verbindlichkeit diesen göttlichen Offenbarungen zukam; unter kultur- und geistesgeschichtlichem Blickwinkel zeigten sich die Probleme von einer anderen Seite.

Hildegards Bescheidenheitsformel, sie habe, des Lateinischen kaum mächtig, nur als unwissendes Medium gedient, entpuppte sich formal als literarischer Kunstgriff zur glaubhaften Darstellung der göttlichen Offenbarungsvollmacht. Außerdem hatte sie einen »Lektor« und lateinischen »ghostwriter«, den Probst Volmar, der die grammatische Reinschrift ihrer Werke überwachte; und im übrigen waren ihre Offenbarungsberichte nicht so »armselig« und unverständlich, wie man zunächst behauptet hatte: Dem Leser, der gewissermaßen zwischen den Zeilen zu lesen verstand, präsentierten ihre Werke ein sinnvoll aufgebautes, ja grandioses Weltbild. Um so wichtiger wurde die »Quellenfrage« für die Forschung. Bei den textkritischen Untersuchungen wurden nun auch erste Reproduktionen der noch erhaltenen mittelalterlichen Illustrationen herangezogen, und damit war ein Angelpunkt der »Erleuchtungen«, das Verhältnis von Bildtraditionen und Sprach- bzw. Vorstellungsbildern anvisiert.

Ihren Höhepunkt erreichte die »Hildegard-Forschung« in den 20er–30er Jahren, also vor dem Wissenschaftler-Exodus, der durch die faschistische Machtergreifung in Deutschland ausgelöst wurde: Besonders in den Kreisen der damals noch Hamburger Warburg-Bibliothek fiel das Thema »Hildegard von Bingen« sozusagen auf einen idealen Nährboden; man war sich einig, in den Visionsbildern der rheinischen Seherin eine mustergültige Ausprägung mittelalterlicher Weltanschauung vor Augen zu haben; in Vorträgen und Veröffentlichungen wurden die generellen Aspekte umkreist, Vergleiche gezogen und schließlich 1930 in einer speziellen »Studie der

Bibliothek Warburg« behandelt: von H. Liebeschütz, der »Das allegorische Weltbild der heiligen Hildegard von Bingen« auf seine ideengeschichtlichen Hintergründe hin durchleuchtete.

Schon vor Liebeschütz hatte der englische Medizinhistoriker Charles Singer 1917 »Die wissenschaftlichen Anschauungen und die Visionen der heiligen Hildegard« nicht nur hinsichtlich ihrer »Quellen« und »Strukturen«, sondern auch auf ihre »pathologische Inspirationsbasis« hin untersucht (in: »Studies in the history and method of science«, Oxford 1917). Später griffen auch andere universell gesonnene Köpfe zumindest die faszinierenden Illustrationen auf, so etwa Carl Gustav Jung in seinen Arbeiten über Alchemie. Nur die arrivierte Kunstwissenschaft der »engeren«, das heißt fälschlich »rein-formalen« Observanz wußte mit den sonderbar-abseitigen Visionsbildern nichts Rechtes anzufangen; es langte nur zur Vergabe einer Dissertation (H. Keller, 1933).

Nach dem Zweiten Weltkrieg, der den Verlust der wichtigsten illuminierten Handschrift, des Wiesbadener SCIVIAS-Kodex, zur Folge hatte, wurden zwar im Zuge christlich-abendländischer Restauration Übersetzungen der Hauptwerke Hildegards mit ausdrücklich erbaulicher Absicht herausgebracht oder neu aufgelegt, aber das Wiederbelebungsinteresse nahm nun eher provinziell-sektiererische Züge an – jedenfalls gemessen an den Akzentsetzungen repräsentativer Überblickswerke: In der Neuausgabe der »Propyläen-Kunstgeschichte« (Band 5, Mittelalter I, 1969) zum Beispiel, die von der ersten Garnitur gegenwärtig amtierender Mediaevisten zusammengestellt wurde, sind die Bilderhandschriften zwar vollständigkeitshalber knapp erwähnt, aber keiner einzigen Abbildung mehr gewürdigt. Und während die Lieblingshandschriften mancher einflußreicher Mittelalter-Forscher inzwischen schon in zweiter Faksimile-Auflage vorliegen, gab es von den zwei noch übriggebliebenen illustrierten Hildegard-Manuskripten bis vor kurzem nicht einmal angemessene Farbreproduktionen kleineren Formats – von Faksimiles ganz zu schweigen.

Doch mit dem *Hildegardis-Gedenkjahr* (1979) aus Anlaß der 800. Wiederkehr des Todestages der *prophetissa teutonica* (17.9.1179) – von den Beweggründen der Inszenierung wird noch zu reden sein – ist nun die mittelalterliche »Ärztin und Seherin« zu aktuellem kulturpolitischem Führungsauftrag aus ihrer kulturhistorischen Ruhe erweckt worden; und damit ergibt sich für den kritischen Beobachter die Möglichkeit oder Aufgabe, nicht nur den neuesten Stand der Forschung zu rekapitulieren und vielleicht sogar ein wenig zu bereichern, sondern auch ein Stück »Rezeptionsgeschichte« im Werden zu verfolgen.

2 Eine »Theologie in Bilderreihen«: Kinematographisch entwickelte Welterlösung – Das »Buch der göttlichen Operationen« und seine Vorläufer, formal betrachtet

Drei mittelalterliche Illustrationsserien zu den theologischen Werken der »Seherin vom Rupertsberg« haben sich bis ins Zeitalter der technischen Reproduzierbarkeit erhalten: zwei Bildfolgen zum ersten Buch Hildegards, SCIVIAS – »Wisse die Wege«; eine im 1945 verschollenen Wiesbadener Kodex und eine weitere in einer SCIVIAS-Abschrift aus dem Kloster Salem, die sich heute in der Heidelberger Universitätsbibliothek befindet; daneben existiert noch eine Prachthandschrift des Späterks LIBER DIVINORUM OPERUM in der Staatsbibliothek von Lucca.

Die Wiesbadener SCIVIAS-Handschrift, die vor ihrem Verlust noch von den Nonnen des Eibinger Hildegard-Klosters in Farbe kopiert wurde (die Kopie dient neuerdings für Color-Reproduktionen – in diesem Buch sind statt dessen alte Schwarzweiß-Aufnahmen des Originals wiedergegeben; Abb. 18–24), dürfte nicht viel später als der Text selbst angefertigt worden sein; man hat sogar gute Gründe, anzunehmen, daß sie unter den Augen der Autorin auf dem Rupertsberg entstanden ist. Die Bildfolge des Salemer SCIVIAS-Manuskripts aus der Zeit um 1200 (Abb. 25–27) dagegen scheint vollkommen unabhängig von der Rupertsberger Bilderserie entworfen zu sein: eine aufschlußreiche Parallel-Redaktion, die – nach der

25 Heidelberg, Universitätsbibliothek, Liber Scivias Sal.X.16, um 1200, fol. 2a: der Sturz des Drachen Luzifer aus dem Kreis der Engelchöre; daneben das Sechstagewerk der Schöpfung, von einem sechsflügeligen Engel dirigiert; darunter die Sündenfallgeschichte. Nach: A. von Oechelhaeuser, »Die Miniaturen der Universitätsbibliothek Heidelberg«, 1887

26 Heidelberg, Universitätsbibliothek, Liber Scivias Sal.X.16, um 1200, fol. 2b: kalendarisches Weltbild mit einer Personifikation des Jahres (annus) in der Mitte, umringt von Gestirnen, Witterungserscheinungen, Tierkreiszeichen und den vier Winden in den Ecken. Nach: A. von Oechelhaeuser, »Die Miniaturen der Universitätsbibliothek Heidelberg«, 1887

27 Heidelberg, Universitätsbibliothek, Liber Scivias Sal. X. 16, um 1200, fol. 4a: Initial-Schmuckseite mit dem als »Wurzel Jesse« ausgebildeten Anfangsbuchstaben »I«, der als höchste Frucht den »neuen Adam«, Christus, trägt. Nach: A. von Oechelhaeuser, »Die Miniaturen der Universitätsbibliothek Heidelberg«, 1887

»Rehabilitierung« der bis dahin unterschätzten Heidelberger SCIVIAS-Handschrift (Clementia H. Kessler in der Zeitschrift »Marsyas«, 1959) – einer noch gründlicheren, vergleichenden Untersuchung unterzogen wurde (Christel Meier: »Text und Bild im überlieferten Werk Hildegards von Bingen«, 1980).

Die faszinierendste, aber gleichwohl von Kunsthistorikern immer noch am wenigsten beachtete Bilderserie enthält das Luccheser Manuskript. »Wieso dieser Kodex laut Eintragung auf Folio 1 bereits im dreizehnten Jahrhundert der Bibliothek des Klosters Santa Maria di Corte Orlandenga in Lucca gehörte, ob eine Mainzer Familie Mansi, die in Lucca ansässig war, ihn nach dort brachte, ist bisher nicht ermittelt«, mußte noch 1976 R. Otto in einem Aufsatz »Zu den gotischen Miniaturen einer Hildegardhandschrift in Lucca« feststellen: Der kostbare Schmuck des Luccheser Kodex, Bilder auf Goldgrund, denen wahrscheinlich ein verzierter Einband, vielleicht ein Goldschmiedewerk, entsprach, lege die Vermutung nahe, daß dieser so reich ausgestattete Bildband mit den Vorbereitungen des Heiligsprechungsprozesses zu tun hatte. Seit 1227 war das Rupertsberg-Kloster offiziell bemüht, die Kanonisation seiner Gründerin in Rom durchzusetzen. Im Zuge des laufenden Verfahrens wurden von Papst Gregor IX. Abschriften der Werke Hildegards angefordert; und in der Liste der dem Vatikan übersandten Bücher ist auch ein Exemplar des LIBER DIVINORUM OPERUM angeführt. – Die Schrift und der Stil der Miniaturen des Luccheser Kodex gehören jedenfalls dieser Zeit an, und auch hinsichtlich des deutschen Ursprungs des Manuskripts – Ch. Singer hatte es 1917 noch für italienisch gehalten – scheint sich die Forschung inzwischen einig zu sein.

Allem Anschein nach hatte die in Lucca gelandete Prachthandschrift eine bemerkenswerte Wirkungsgeschichte: In Dantes »Göttlicher Komödie« sind deutliche Reflexe der Hildegardschen Visionsbilder auszumachen, wie H. Ostländer in einem Beitrag zum »Dante-Jahrbuch« 1948 dargelegt hat. Eine verlockende Vorstellung, sich den italienischen Dichter, mit dem Luccheser Pracht-Kodex in Händen, durch Wort und Bild von der deutschen Seherin inspiriert, auszumalen! – Ganz in der Nähe von Lucca, in Pisa, ist zudem ein späteres Weltbild-Fresko (Abb. 28) erhalten, das in

28 Fresko von Piero di Puccio, 1389–91, Pisa, Camposanto: der Schöpfer mit seinem Sphärenkosmos in den Armen. Nach: G. Ramelli/P. Sanpaolesi u. a., »Camposanto Monumentale die Pisa«, 1960

wesentlichen Zügen der Weltanschauung des italienischen Dichters und der deutschen Seherin entspricht, allerdings kaum als direkter Reflex der Luccheser Miniaturen angesehen werden kann.

Im Gegensatz zur Illustrationsfolge der verlorenen Wiesbadener SCIVIAS-Handschrift, die, der Anzahl der Visionen entsprechend, zu einem relativ unübersichtlichen Panoptikum von rund drei Dutzend, oft in den Text eingefügten Bildern ausgestaltet ist, enthält der Luccheser Kodex nur zehn ganzseitige Miniaturen. Die geringere Zahl folgt auch hier genau der schriftlichen Vorlage: Das »Buch der göttlichen Operationen« scheint in seiner Konzeption, wenn man den generellen Eindruck auf eine griffige Kurzformel bringen will, gegenüber dem bildschöpferischen Wildwuchs im Frühwerk SCIVIAS sichtlich gestrafft und auch stärker mit überlieferten Bildmustern durchsetzt, in dieser Konzentration aber um so eindrucksvoller zur Bildwirkung gebracht.

Im ersten Visionsbild (Farbabb. 2–4) erscheint der Seherin, die in einem separaten Rahmen-Abteil inmitten ihrer Gehilfen vom roten Lichtstrom der Offenbarungen übergossen wird, eine *höchste und feurige Kraft* (summa et ignea vis), auch CHARITAS genannt, also der schöpferische Eros, das welterzeugende »Wohlwollen« des Allmächtigen: eine vierflügelige, doppelköpfige Rothaut im prunkvoll-byzantinischen Lichtgewand mit dem Lamm Gottes in den Armen. In den Gelenkbeugen des oberen Flügelpaares sieht man den Kopf eines Adlers (links) und ein rotes Gesicht im Profil (rechts). Die CHARITAS-Figur steht auf einem schlangenumringten, finster-grimmassierenden Monstrum mit feurig-roten Augen, dem Rumpf und Arme fehlen. – Eine andere Personifikation der CHARITAS erscheint in der letzten Vision (Farbabb. 25–27): als Frauengestalt in einem farbig segmentierten Kreis sitzend mit einer Klapptafel in den erhobenen Händen. Neben ihr sieht man ein auffällig umrandetes Geviert voller Kirchenbauten: das allegorische Stadtbild der erfüllten göttlichen Vorsehungen. – Zwischen diesen beiden Miniaturen, die Anfang und Ende der Heilsgeschichte repräsentieren, sind die übrigen Visionen in einer geordneten Folge entfaltet:

In der zweiten Vision (Farbabb. 8, 10) trägt die im ersten Bild auftretende doppelköpfige Lichtgestalt anstelle des Lamms eine riesige feuerumzingelte Scheibe vor dem Leib, so daß nur noch Köpfe, Arme und Füße der Trägerfigur zu sehen sind. In der Mitte der Scheibe, die in luftig-bewölkte und wässrig-gewellte Ringzonen voll verschiedenartiger Tierköpfe gegliedert ist, steht ein nackter Mensch mit ausgebreiteten Armen vor einem erdig-dunklen Zentralkörper. Vom Rande her, von den Tierköpfen und Sternen überzieht ein regelmäßiges Netz goldener Linien die Scheibe. – Der gleiche flammengeränderte Kreis mit nackter Zentralfigur, nun allerdings nicht mehr von der höchsten feurigen Schöpferkraft gehalten, sondern in rotierender Bewegung, wie die spiralenden Ausatmungen der Tierköpfe zeigen, schwebt auch im dritten Visionsbild (Farbabb. 9, 11) der Seherin vor Augen. – Im vierten Visionsbild (Farbabb. 12–14) ist der nackte Mensch aus der Ringscheibe, das heißt aus dem imaginären Gesichtsfeld der »Augenzeugin« verschwunden; an seiner Stelle erscheint nun der dunkle Mittelkörper mit Bäumen bewachsen, zwischen denen entsprechend kleine Menschengestalten mit saisonbedingten landwirtschaftlichen Arbeiten und anderen Angelegenheiten beschäftigt sind. Die farbige Vierteilung des Zentralkörpers läßt, richtig verstanden, eine urzeigerartig umlaufende Jahreszeiten-Einteilung erkennen. Dieses Kreisdiagramm, das den ständig wiederkehrenden Jahreszeiten-Rhythmus veranschaulicht, ist also nicht mit einer neuzeitlichen Kugelgestalt-Auffassung für Erddarstellungen gleichzusetzen, obwohl es kurioserweise genau einer globalen Tages- und Nachtzeiten-Einteilung entspricht. – In der fünften Vision (Farbabb. 15,16) wird anstelle des äußeren Weltkreises das »Innere« der Unterwelt mit verschiedenen Schreckenskammern sichtbar; sie erscheinen in einer blasenartig runden Ausstülpung des Höllenrachens rechts im Bild, während auf der linken Seite eine kleine vierflügelige Lichtscheibe – rot mit blauem Rand – ihre unteren Schwingen dieser Kreisform anlegt. – Von der sechsten Vision an (Farbabb. 17–27) übernimmt das architekturgefüllte Stadt- oder Festungsquadrat, jeweils umgeben von allegorischen Figuren und Gebilden, die Rolle der Erdkreisformen, bis Kreis und Viereck schließlich Seite an Seite in der Endvision erscheinen.

Auch ohne die Bedeutung der Bildallegorien im einzelnen zu kennen, macht schon ein rascher und unbefangener Überblick einsichtig, daß die Bilderfolge der Visionen durch motivische Wiederholungen und Ähnlichkeitsbeziehungen absichtlich und bewußt als eine Art »Verlaufsgestalt« arrangiert wurde. Die »Gestalt-Qualität« der Bilderreihe ist also – um den mittlerweile schon fast hundertjährigen Leitsatz der Gestalt-Psychologie von Chr. Ehrenfels anzuwenden – mehr als nur die Summe ihrer Einzelbilder; sie hat dynamischen, nicht statischen Charakter: Es ist gewissermaßen eine kinematographisch dargebotene Form, zwischen deren Einzeleinstellungen Veränderungen und Aufmerksamkeitsverlagerungen interpoliert und sukzessiv abgelesen werden müssen.

Daß die Miniaturen des Lucca-Kodex die Bedeutungen und Absichten der Textvorlage mit überzeugender Klarheit zur Anschauung brächten, ja, daß ohne Hilfe der Buchmalereien viele Passagen der schwierigen und komplizierten Schrift unverständlich bleiben würden, hatte bereits Ch. Singer 1917 in seiner Untersuchung betont; es erschien ihm keineswegs unwahrscheinlich, daß diese authentische »Bild-Interpretation« des Textes, vielleicht vermittelt durch eine ältere, verlorene Vorlage, auf die Autorin selbst zurückzuführen sei. – Wie immer es sich mit dem »Abstammungsverhältnis« des Luccheser Manuskripts verhalten mag, das von Singer aufgeworfene Problem ist prinzipieller Natur in zweierlei Hinsicht: Es enthält nicht nur die Frage, auf welche Art und in welchem Maße der Maler – oder die Malerin – den Text in »Bilderschrift« übertragen haben, sondern man muß sich auch fragen, welche Bildmuster schon für die Visionen selbst Pate gestanden haben und nun in den Miniaturen wieder ins ursprüngliche Medium »zurückübersetzt« worden sind.

Ohne hier ins Detail einer Durchmusterung der lateinischen Visionsbeschreibungen zu gehen, läßt sich generell sagen, daß die Textpassagen oft den Eindruck passiver und lückenhafter »Bildablesung« machen, daß es auf sie allein gestützt unmöglich wäre, die Bestandteile der Visionen ikonographisch korrekt zu rekonstruieren. Andererseits sind die Miniaturen zwar »vollständiger«, lassen aber in manchen Fällen Einzelheiten fort, die im Text ausdrücklich erwähnt sind. Schließlich schlagen in den Text-Bild- oder Bild-Text-Entsprechungen auch noch die besonderen Gesetzmäßigkeiten der »Übersetzung« zu Buche; dazu ein Beispiel:

Die Beschreibung der zweiten Vision beginnt mit den Worten: »Alsdann erschien in [oder auf] der Brust der zuvor erwähnten Gestalt, die ich inmitten der südlichen Luft erblickt hatte, ein Rad von wunderbarem Aussehen ...« Wollte man sich ohne ikonographische Vorkenntnisse an den Wortlaut halten, so würde man das »wunderbare Rad« wohl nicht wesentlich größer als den Brustumfang der Trägerfigur darstellen dürfen; nichts im Text läßt jedenfalls auf die Ausmaße des Rades und auf die Art, wie es von der Gestalt mit den Armen umfaßt wird, schließen. Natürlich ist die Größe des Rades in der Miniatur formal durch die Notwendigkeit bestimmt, seinen Inhalt mit größtmöglichem Detail vor Augen zu führen, und damit stimmt die Verlagerung der Aufmerksamkeit dem Text entsprechend überein: Genau genommen hat sich die »zuvor erwähnte« Gestalt ja selbst nicht verändert, aber sie tritt nun buchstäblich zurück, ihre Doppelflügel sind bereits fortgelassen und im dritten Visionsbilde ist sie vollkommen verschwunden. Dieses bildlich inszenierte »Verschwinden« ist also ein geschickter Kunstgriff, um die Verschiebungen der »Erzählperspektive« im Visionsbericht optisch nachzuvollziehen.

Zum Schluß der Schilderung der zweiten Vision heißt es im Text Hildegards: »Ich sah auch, daß aus dem Munde der zuvor genannten Gestalt, in [oder auf] dessen Brust das Rad erschien, Licht heller als das Tageslicht wie Strahlenbänder hervorkam ...« Anschließend ist im Zusammenhang mit den Lichtbändern die Rede von Kreiszeichen und Zeichen der übrigen Figuren, die im Rade auftraten, sowie auch von einzelnen Zeichen der Glieder der Menschengestalt ... im rechten und genauesten Maßstabe gemessen (der lateinische Text ist auch nicht viel klarer!). Offensichtlich sind diese an Sprechblasen oder Spruchbänder erinnernden Äußerungen – was sie darstellen, mag dahingestellt bleiben – in der Luccheser Miniatur fortgelassen; aber immerhin existieren einige wenigstens motivisch verwandte Darstellungen, die Hildegards optische Anregungsquellen etwas erhellen können: Zum Beispiel die Regensburg-Prüfeninger MIKROKOSMUS-Zeichnung (Abb. 29), ein unbewegt-schematisches Diagramm der Welt-Mensch-Beziehungen, in dem die Korrespondenz von Planeten und Sinnesöffnungen des Kopfes durch radiale Schriftbänder veranschaulicht ist.

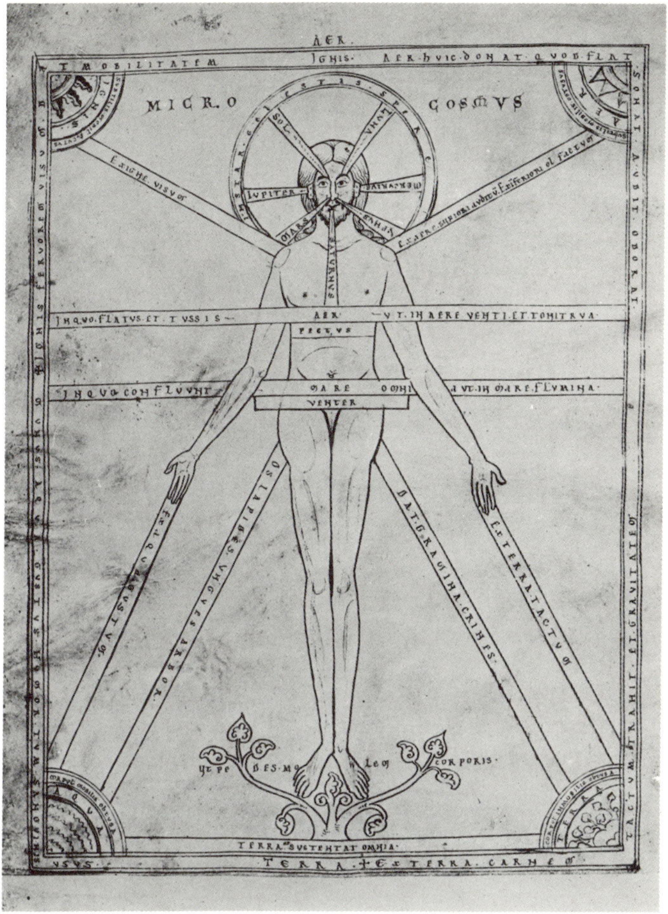

29 München, Bayerische Staatsbibliothek, Clm 13002, Prüfeninger Sammelhandschrift: MIKROKOSMUS. Federzeichnung. Datierbar 1165. Nach: Richard Reitzenstein/H. H. Schaeder, »Studien zum antiken Synkretismus aus Iran und Griechenland«, 1926 (Studien der Bibliothek Warburg VII)

30 Dijon, Bibliothèque municipale, Ms 562, Histoire Universelle, Akron, drittes Viertel des 13. Jahrhunderts, fol. 1r: die Schöpfung. Nach: Hugo Buchthal, »Miniature painting in the latin kingdom of Jerusalem«, 1957. Die stereotype Wiederholung der Hauptperson schließt hier subjektive Veränderungen der Bilderzähl-Perspektive aus.

Diese Andeutungen mögen fürs erste genügen, um das verschachtelte Verhältnis von bildlichen Inspirationsquellen, Visionsbeschreibungen und malerischen Transkriptionen zu charakterisieren. Als Zwischenergebnis der vorläufig noch vorwiegend auf die formale Gestaltung konzentrierten Beobachtungen bleibt festzuhalten, daß der Erzählstil der Visionsberichte, das heißt die sukzessive Entwicklung der Offenbarungsperspektiven, im malerischen Erzählstil der Luccheser Miniaturen zwar nicht einfach »abgebildet« werden konnte, aber mediengerecht »übersetzt« erscheint, wie man sich anhand von Kontrastbeispielen leicht vor Augen führen kann (Abb. 30). Solch verdoppeltes, verbales wie visuelles Stilmittel war keineswegs nur ein »rein formaler« Aspekt für spätere Kunstgeschichtler, es hatte durchaus seine aktuell-inhaltlichen, nämlich theologisch-politischen Seiten.

3 Apokalyptische Zukunftsbilder und »himmlische Vorlesungen« – Der weibliche Prophet und seine Visionen zwischen provozierendem Anspruch und dogmatischer Verfassungstreue

Die wohl erstaunlichste Erscheinung des hohen Mittelalters ist der imaginäre Aufstieg der Frau in prominenten sakralen und profanen Leitfiguren mit einer bis dahin unerhörten religiös-erotischen Einfärbung. So stellt es sich jedenfalls im Rückblick auf die erhaltenen Kulturzeugnisse dar: Minnesang und Marienverehrung führen diese Wunschbild-Projektionen noch heute in aller erdenklichen Vielfalt vor Augen. Auf der anderen Seite steht eine Reihe von bemerkenswerten Frauengestalten, die sich offensichtlich das Neuland der erweiterten Rollenvorlagen zu eigen machten. Vom 12. Jahrhundert an beginnt – in einer Art Kettenreaktion – eine schnell anwachsende Schar von »Seherinnen«, weiblichen Predigern und verzückten

»Gottesliebhaberinnen« aufzutreten. »... Als [Bernhard von Clairvaux] nach dem Fall Edessas, 1147, das Kreuz predigt und mit seiner glühenden, hinreißenden Beredsamkeit die Massen entflammt, erwacht in einsamen Nonnenzellen der Walkürengeist«, hieß es 1909 in Mela Escherichs Arbeit über Mechthild von Magdeburg. Während des 13. Jahrhunderts nahm die religiöse Ekstase der oft noch halbwüchsigen Heilandsbräute extreme Formen an: »[In] Flandern ... aber auch in Deutschland wimmelt es bald von Frauen, für die die Religion zum perversen Reizmittel wird«, so die erwähnte Schrift über Mechthild von Magdeburg. »Heutzutage würde man derartige Verzückte einfach als hochgradig hysterisch behandeln.«

Auffällige Merkmale dieser zu umstrittenen sexualpsychologischen Deutungen einladenden Epidemie übersteigerter weiblicher Religiosität waren, zumindest laut literarischer Überlieferung, visionäre Erlebnisse. Sie bieten dem aufmerksamen Beobachter der Kulturgeschichte des Mittelalters sozusagen psychische Oberlichter jener tiefgreifenden Veränderungen, die – im Rahmen des allgemeinen Prozesses der abendländischen Zivilisation betrachtet – die Sozialgeschichte der Kunst und Literatur bestimmten. Die Häufigkeit visionärer Verzückungen spricht dafür, daß diese Erscheinungsweisen spezifisch weiblicher Religiosität nicht als Anomalie, sondern als typische Artikulationsformen ihrer Zeit verstanden werden müssen. Für die Kunstwissenschaft eine Herausforderung, die wenigen, mehr oder minder direkten bildlichen Umsetzungen solcher Erleuchtungen in die »richtigen«, nämlich kultur- und sozialgeschichtlichen Erklärungs- und Verständniszusammenhänge zu bringen.

Ganz unabhängig von den überaus komplexen Bedeutungsinhalten der Visionen Hildegards und ihren psychischen und traditionellen Quellen der Bildphantasie verrät sich allein schon in der Gesamtform der literarisch-künstlerischen Darbietung in wertvollen illuminierten Handschriften ein ungewöhnlicher Anspruch: Mit Wort und Bild trat hier eine Frau nicht nur zu zeitgenössischen Theologen und Poeten (Abb. 31) in Konkurrenz, sondern maßte sich über theologische Gelehrsamkeit und »dichterische« Inspiration hinaus das Privileg göttlicher Eingebungen an, das im Rahmen

31 Bern, Burger-Bibliothek, Ms 120, Lobgedicht des Petrus de Ebulo auf Kaiser Heinrich VI. und dessen Sizilien-Eroberung 1194, fol. 140a: der Dichter als selbsternannter Seher vor der allumfassenden Weisheit mit dem Erdkreis in den Armen

32 Trier, Stadtbibliothek, Einzelblatt: Papst Gregor der Große bei der Inspiration durch die Taube des Heiligen Geistes von seinem Schreiber belauscht. Ottonische Buchmalerei, Ende des 10. Jahrhunderts. Nach: Carl Nordenfalk, »Der Meister des Registrum Gregorii«, in: »Münchener Jahrbuch der bildenden Kunst«, 1950

der kanonischen Lehre nur autorisierten Gewährsleuten der Heilsgeschichte – den Propheten, Evangelisten, einigen Kirchenvätern und ausgesuchten Heiligen – zukam (Abb. 32).

»Es ist unmöglich, zwischen dem Visionär und dem Propheten eine genaue Trennungslinie zu ziehen«, bemerkte Ernst Benz 1969 in seinem Visionswerk zur Stellung und Geltung »erleuchteter« Personen im Gefüge priesterlicher oder klerikaler Hierarchien. »Allerdings bilden die Propheten innerhalb der christlichen Kirche im Unterschied zur israelitischen Religion nur eine kurze Zeit einen eigenen Stand. Durch das Vordringen des kirchlichen Amtes, vor allem des Bischofs- und Presbyteramtes in der Kirche, wurde die Tätigkeit der freien Charismatiker schon am Ende des ersten nachchristlichen Jahrhunderts mehr und mehr ausgeschaltet ... Das prophetische Charisma tritt von da an, wenn überhaupt, nur noch in Verbindung mit den kirchlichen Ämtern auf. Es ist am stärksten mit der anderen gelegentlich noch auftretenden Erscheinungsform des freien Charismas verbunden geblieben, mit der Vision, und die Kirche hat Mühe genug gehabt, ihre Visionäre unter Kontrolle zu halten.«

Die Verbeamtung der Kirchenführer und der daraus folgende Phantasie-Verlust in visionär-prophetischer Hinsicht war für Benz nur die eine Schattenseite der sich etablierenden Staatsreligion: Von den ersten Anfängen an sei die Zukunft der Kirche, oder vielmehr sogar ihr Verfall, das Hauptthema prophetischer Visionen gewesen. In der Folgezeit hätten die Zukunftsgesichte immer mehr den Charakter von Unheilsprophezeiungen angenommen, welche die Kirche im Zustande des Verfalls enthüllten und ihr Strafe androhten in der Hoffnung, daß sie sich zur Umkehr besänne. Diese Rolle einer kritischen Mahnungsinstanz ließ sich Benz zufolge generell auf Krisenzeiten der Amtskirche beziehen: »In der Tat setzt die prophetische Vision immer den Verfall der Kirche voraus; ja, man kann sogar sagen, daß die Idee des Verfalls, die dem theologischen und dogmatischen Selbstbewußtsein der institutionellen Kirche so sehr widerspricht und vor allem dem Selbstbewußtsein ihrer Hierarchie so sehr zuwider ist, sich im Bewußtsein der Kirche selbst erst auf Grund der Tatsache durchgesetzt hat, daß Visionäre unter dem überwältigenden Eindruck ihrer visionären Erfahrung diesen

Gedanken auszusprechen wagten. Die Verfallsidee ist ein Kind der Vision.«

Für Benz, der im Ansatz durchaus zu einer überhistorischen Phänomenologie der Visionstypen und Erscheinungsformen kommen wollte, stand außer Zweifel, daß die jeweils aktuellen Visionsinhalte nicht außerhalb der geschichtlichen Bedingungen denkbar waren: »Nach der innigen Verflechtung von Kirche und Imperium, vor allem nach der Ausbildung eines kirchlichen Territorialismus im Spätmittelalter und nach der Entfaltung des Territorialprinzips in den nachreformatorischen Staaten und Landeskirchen ist aber auch die politische Prophetie, die prophetische Vision des Schicksals des Reiches, das den politischen Leib der Christenheit repräsentierte ... zum Thema der Vision geworden«. Solch langwierige Verflechtungsgeschichte von Staat und Religion machte in Benz' Augen klar, wie sinnlos es im Grunde sei, persönliche, liturgische und politische Visionen voneinander zu unterscheiden.

Obwohl Benz die Visionen Hildegard von Bingens mehrfach erwähnte und kommentierte und andererseits auch den Zusammenhang zwischen Vision und bildender Kunst für einen zweiten Band seines Werkes ins Auge gefaßt hatte, blieb der detaillierte Nachweis seiner generellen Ansichten im Falle der »deutschen Prophetin« noch aus – wohl vor allem wegen der sehr speziellen Ikonographie der Visionsbilder. Er hielt sie – als Vorläufer der »himmlischen Vorlesungen« Swedenborgs – vor allem als typische Ausprägungen der »Lehrvisionsform« für exemplarisch: »Derselbe Zug der Lehrvision macht sich auch bei Hildegard von Bingen bemerkbar. Bei ihr ist es Gott selbst, der ihre Gesichte deutet ... Die Niederschrift der Auslegung nimmt auch rein umfangmäßig jeweils ein Vielfaches der Visionsbeschreibung ein und enthält im Wesentlichen dogmatische und ethische Lehren. Das Lehrhafte dieser Visionen kommt auch darin zum Ausdruck, daß sie sich untereinander progressiv zu einem System zusammenfügen, daß die eine Vision theologisch-lehrhaft zur nächsten paßt und auf sie abgestimmt ist, und daß aus dem System der Visionen ein System der Lehre heraustritt, allerdings mit der konkreten Absicht, durch die prophetische Aktualisierung dieser Lehre eine geistliche Erneuerung der Kirche herbeizuführen.« – Diese Bemerkungen bezogen sich ausschließlich auf Hildegards Frühwerk SCIVIAS, können aber hinsichtlich der kinematographischen Systematisierungsform, wie wir gesehen haben, um so mehr auf das »Buch der göttlichen Operationen« bezogen werden. Daß dabei die aktuelle Stoßrichtung des visionären Spätwerks nicht nur auf interne Kirchen-Kritik aus war, sondern vor allem auf »äußere« Feinde der Kirche zielte, wird noch zu zeigen sein.

Die *Gegenwartskritik und Apokalyptik* Hildegards hatte H. Liebeschütz bereits 1930 in einem Sonderkapitel seiner Studie ausführlicher dargelegt: Die damals geläufige Form der Geschichtsbetrachtung, »die von der Ewigkeit durch die Zeit in die Ewigkeit führt und so die Grundlage bietet, um Zeitereignisse ›sub specie aeterni‹ ans Licht zu stellen, wird auch von Hildegard in der Vision von der Endzeit als Schluß des Buches von den göttlichen Schöpfungswerken [Liber divinorum operum] gebraucht. Aber ... Hildegards Sache ist nicht die ruhige Kontemplation über den Heilsweg Gottes mit der Menschheit; sie weiß, es ist die Zeit der Krise und ihre Aufgabe ist deren Verkündung ... Die Einrichtungen der Kirche sind in Verfall; ihre Güter sind den heiligen Zwecken entfremdet, sie dienen weltlichem Kriegswesen! Das alles steht bei Hildegard namenlos, allgemein; aber der aktuelle Sinn ist deutlich. Die Prophetin ist in Opposition zur deutschen Kirche um sie her, zur Kirche Barbarossas, die gegen Papst Alexander im Schisma verharrt.«

Zwar hatte Hildegard schon frühzeitig päpstliche Anerkennung gefunden – auf der Trierer Synode 1147/48 war ihrer Visionsgabe nach Entsendung einer Prüfungskommission durch Papst Eugen III. zumindest der Status von Privat-Offenbarungen zuerkannt worden – und damit eine beachtliche Stellung in den Augen der damaligen »Öffentlichkeit« gewonnen, aber sie hatte ihr Prestige auch ausgenutzt, um ihren Überzeugungen auf ungewöhnliche Weise Ausdruck zu verleihen: »Außer anderen auffallenden Ereignissen ist vor allem bemerkenswert, daß Hildegard, vom göttlichen Geist nicht nur getrieben, sondern genötigt, nach Köln, Trier, Metz, Würzburg und Bamberg kam und der Geistlichkeit und dem Volke den Willen Gottes verkündete«, heißt es in der Hildegard-Vita. Es war das erste Mal, daß eine Äbtissin in aller Öffentlichkeit zu aktuellen Fragen Stellung nahm. Auf ihrer zweiten Reise predigte Hildegard zu Pfingsten 1160 in Trier und warf der Geistlichkeit

Verweltlichung und Trägheit in der Amtsausübung vor, und auf der nächsten Reise wiederholte sie ihre Vorwürfe aus aktuellem Anlaß – davon später – in Köln vor Klerus und Volk. Kaum verwunderlich, daß diese eigenwillige Frau, die es gewagt hatte, die klösterliche Klausur zu verlassen und öffentlich Lob und Tadel auszuteilen, auf Vorbehalte nicht nur der kaiserhörigen Geistlichkeit stieß.

Vielleicht zufällig, aber bezeichnend für Hildegards gespanntes Verhältnis zur kirchlichen Administration scheint die Interdiktsaffäre zu sein, die sie und ihr Kloster kurz vor ihrem Tode 1179 in offene Konfrontation mit der Mainzer Kirchenbehörde brachte: Sie hatte einen zeitweise exkommunizierten Adligen auf dem Klosterfriedhof bestatten lassen. Da die Wiederaufnahme des Verstorbenen nicht offiziell erfolgt war, verlangten die Mainzer Prälaten die sofortige Enfernung der Leiche. Hildegard gab nicht nach und mußte daraufhin, bis zur späteren Aufhebung der Verfügung, das Interdikt, also das Verstummen der Glocken und den Verschluß der Klosterkirche, auf sich nehmen.

Noch weniger zufällig scheint die Tatsache, daß es nie zu einer formellen Heiligsprechung Hildegards gekommen ist. Als nach ihrer Beisetzung in der Rupertsberger Klosterkirche und nach ersten posthumen Heilungswundern der Besucherstrom zur Begräbnisstätte anschwoll, begab sich Erzbischof Sigfried II. von Mainz, wie Sr. Adelgundis Führkötter OSB 1972 in ihrer Hildegard-Biographie pointiert anmerkt, persönlich zum Rupertsberg und »gebot« der Heiligen, weitere Wunderzeichen zu unterlassen. – Nach der Einleitung des Heiligsprechungsverfahrens auf Ersuchen des Rupertsberger Konvents beauftragte Papst Gregor IX. 1227 drei Mainzer Kleriker mit der Untersuchung der Schriften Hildegards und der Vernehmung von Wunderzeugen, wie das Verfahren es vorsah. »Das 1233 nach Rom entsandte Schriftstück wurde jedoch wegen der unvollständigen und fehlerhaften Einträge 1237 nach Mainz zurückgeschickt mit der Aufforderung an die Kommissare, das Protokoll zu ergänzen und zu korrigieren. Doch die Mainzer Prälaten hatten es« – so der sanftmütig-ironische Kommentar Adelgundis Führkötters – »nicht eilig. Wegen ihrer Säumigkeit erhielten sie vom Papst Innozenz IV. 1243 erneut die Aufforderung, den Prozess ohne Verzug und mit aller Genauigkeit durchzuführen.

Diese Mahnung hatte Erfolg. Das ursprüngliche lückenhafte Protokoll wurde an zahlreichen Stellen vervollständigt und richtiggestellt. Ob von diesem stark korrigierten Exemplar, das heute im Hauptstaatsarchiv zu Koblenz liegt, eine Abschrift gemacht und nach Rom gesandt wurde, entzieht sich unserer Kenntnis.«

Letzten Endes war wohl nicht allein das individuell gespannte Verhältnis der »Seherin« zur Amtskirche für die verschleppte Kanonisierung verantwortlich, sondern ebensosehr die sich verdichtende Inquisitionsatmosphäre, in der jegliche und vor allem weibliche Norm- und Rollenverletzung zunehmend verdächtig erschien – und das nicht erst im 13. Jahrhundert: Aus Hildegards nachdrücklichen Bemerkungen im SCIVIAS-Vorwort, sie empfange ihre Gesichte nicht im Traum oder Schlaf (also nachts) oder im Zustand der Geistesgestörtheit, ist abzulesen, daß sie sich schon frühzeitig auf Grund ihrer Veranlagung und Aufführung beargwöhnt oder zur Rechtfertigung angehalten fühlte. Und in der Tat hatte sie guten Grund, sich von nächtlichen Traumvisionen sorgfältig zu distanzieren. Die Vorstellung, daß vom Teufel verführte Frauensleute nachts im Gefolge heidnischer Göttinnen ausritten oder flögen, hatte sich seit der Antike im Volksaberglauben erhalten und die Kirche bereits zu Stellungnahmen veranlaßt: zum Beispiel im sogenannten »Kanon Episcopi« (10./11. Jh.), wo nächtliche Hexenritte, aber auch Erscheinungen Satans in Engelgestalt ausdrücklich als Sinnestäuschungen und Phantastereien leichtgläubiger Weiber kritisiert und es den Bischöfen zur Pflicht gemacht wurde, solchen Aberglauben und derartige Einbildungen energisch zu bekämpfen. Ein Kampf, der gemessen an dem, was die Inquisition später leistete, noch eher den Eindruck weiser Zurückhaltung und vernünftigen Augenmaßes machen konnte, aber die »Seherin vom Rupertsberg« vielleicht zeitlebens schon an jene Toleranzschwelle heranrückte, welche dann ihrer formellen Heiligsprechung den Weg verlegt hat.

4 Die Ikonographie der allegorischen Gotteskräfte: Anstelle konkreter Personen und Handlungen geflügelte Teilwesen der Trinität und des Teufels

Wäre man vor die Notwendigkeit gestellt, die Eigenart der heilsgeschichtlichen Visionen Hildegard von Bingens mit wenigen Worten zu beschreiben, so müßte man vor allem darauf hinweisen, daß in ihrer Bildwelt keine einzige »historische« Person, weder alttestamentliche Propheten und Könige noch die Jünger und Apostel des Neuen Testaments, auch nicht der leibhaftig in die Geschichte eingetretene Gottessohn und erst recht nicht Kirchenväter, Märtyrer und Heilige, die den weiteren Fortschritt der Heilsgeschichte vertreten könnten, als direkte Handlungs- oder Bedeutungsträger vorkommen. Es gibt in den weltgeschichtlichen Betrachtungen der mittelalterlichen Seherin nur wenige Berührungspunkte mit der »Historie« des Alten und Neuen Testaments: Ikonographisch und typologisch gesehen sind es nur biblische Gottesvisionen, vor allem die der Propheten Ezechiel, Jesaiah und Habakuk, die letzten Endes für Hildegards Erscheinungen Pate gestanden haben – auf der einen Seite.

Um diese weitverzweigten ikonographischen Wurzeln freizulegen, müssen neben der vierflügeligen Gestalt der »höchsten und feurigen Kraft« CHARITAS, noch weitere, zum Teil gefiederte Personifikationen im »Buch der göttlichen Operationen« in Betracht gezogen werden, teils wegen ihrer Bedeutung und Benennung allein, teils aber auch zusätzlich wegen ihrer bildhaften Besonderheiten: In der neunten Vision präsentierte Hildegard unter anderem eine »aufrecht stehende« Gestalt (Farbabb. 24), »welche den allmächtigen Gott bezeichnet« (quae omnipotentem Deum designat); sie habe sechs Flügel, einen mit Fischschuppen bedeckten Körper, Füße wie Löwentatzen und an Stelle des Kopfes erscheine ein blendendes Licht, das vom obersten Flügelpaar bedeckt werde, heißt es in der weiteren Beschreibung. In der Miniatur des Luccheser

Kodex ist das verdeckte Kopflicht durchaus sinngemäß durch ein unbedecktes, feurig-rot-strahlendes Haupt ersetzt, und auch die übrigen Einzelheiten, so etwa ein bärtiger Kopf in der Magengrube, entsprechen der Visionsbeschreibung. Eine dritte geflügelte Personifikation (von einer Person kann man in diesem Fall kaum reden), eine vierflügelige Scheibe, die den »Eifer Gottes« (zelus Dei) repräsentierte, war in der fünften Vision (Farbabb. 15) bereits voraufgegangen.

Unter den weniger phantastisch aufgemachten Personifikationen ist vor allem noch die »Weisheit« Gottes (sapientia) beachtenswert. Sie erscheint in der neunten Vision zur Linken der göttlichen »Allmacht« als kostbar gekleidete Frauengestalt mit gotischem Hüftschwung (Farbabb. 23); ihr reichgeschmücktes grünes Obergewand sollte Hildegards Interpretation zufolge die »wunderbare Vielfalt und Schönheit der Schöpfung« bedeuten, »weil der allmächtige Gott durch seine Weisheit alles erschaffen« habe. – Außer dieser Verkörperung der göttlichen Weisheit fällt auch noch eine Dreiergruppe von schlanken, hellgewandeten Mädchengestalten in der achten Vision (Farabb. 20) ins Auge. Laut Auslegung repräsentieren sie »im Namen der Dreifaltigkeit« die drei Tugenden »Liebe, Demut und Frieden« (charitas, humilitas, pax); unter ihnen erscheint also die zu Anfang und Ende auftretende »höchste und feurige Lebenskraft« ein drittes Mal.

Hält man sich zunächst an die Bedeutungen und Bezeichnungen dieser hier vorgestellten auffälligeren Einzelerscheinungen, so kann man insgesamt eine prominente Trias von Personifikationen unter den übrigen allegorischen Gestalten der Visionsfolge des LIBER DIVINORUM OPERUM ausmachen: *Liebe*, *Allmacht* und *Weisheit.* Dieser Begriffsdreiklang spielte in den theologischen Spekulationen der scholastischen Philosophie eine wichtige Rolle, entweder um die menschlichen Gaben und Fähigkeiten vom Dreieinigen Gott her abzuleiten, oder um die interne Gliederung der Trinität zu beschreiben: POTENTIA wurde ausnahmslos dem Vater zugeordnet, SAPIENTIA dem Sohne und CHARITAS dem Heiligen Geiste. Diese und ähnliche Eigenschaftstriaden wie *origo, pulchritudo, delectatio* (Petrus Lombardus) oder *essentia, virtus, operatio* (Abelard) oder *in mente potentia, in intellectu sapientia, in gaudio*

33a

amor (Hugo von St. Victor), die seltener auftauchen, scheinen allesamt auf Schriften Augustins zurückzugehen, der auch andere Triaden, zum Beispiel *aeternitas, veritas, charitas* und *principium, sapientia, mundus* gebrauchte. Versucht man allerdings anhand solcher Bezeichnungen ikonographischen Fährten zu folgen, so wird man enttäuscht; es ist schwierig, von dieser Seite aus Vorbilder für Hildegards Personifikationen dingfest zu machen.

Hält man sich umgekehrt an die bildliche Erscheinung insbesondere der geflügelten Begriffsverkörperungen, so fällt – nach durchgehender Lektüre des »Buchs der göttlichen Operationen« – vor

33b

33 a und b
Aus dem Stammbaum der Misch- und Flügelwesen. Sechsflügeliger »Tetramorph« mit Adler-, Stier- und Löwenkopf neben seinem Menschenhaupt im karolingischen »Drogo-Sakramentar« (Paris, Bibliothèque Nationale, Ms lat. 9428), um 850 (a); daneben eine Emailplatte mit »Cherubin«-Figur vom Kölner Maurinus-Schrein, um 1170 (b)

allem die Tatsache auf, daß es von seiten der Seherin nicht den geringsten Hinweis gibt, welcher formalen Gattung die Flügelwesen zuzurechnen sind; ihre Beschreibungen gehen sofort ins Detail und zur Interpretation über; der generelle Typus der Figuren wird nicht benannt, obwohl er der Bingerin in Wort und Bild bekannt gewesen sein dürfte (Abb. 33a und b).

Dieses vollständige Schweigen Hildegards zur Erscheinungsform ihrer maßgeblichen Gotteskräfte ist um so auffälliger, als geflügelte Hauptpersonifikationen nicht nur im »Buch der göttlichen Operationen«, sondern auch in den anderen beiden theologischen Werken eine zentrale Rolle spielen: Bereits im SCIVIAS-Buch erscheint in der Eröffnungsvision (vgl. Abb. 19) ein thronender Geflügelter als Verkörperung der göttlichen Macht und Herrlichkeit, und auch in ihrem zweiten Werk, LIBER VITAE MERITORUM, von dem keine illustrierten Handschriften erhalten sind, beschreibt Hildegard eine riesenhafte vierflügelige Gestalt, die leuchtende Wolken voll allegorischer Figuren aus- und einatmet und schließlich mit heftiger Drehbewegung die gesamte Schöpfung ergreift und vernichtet. Eine Voreingenommenheit mit prominenten Schwingenträgern von teilweise dämonisch-phantastischer Ausstrahlung bestimmte also durchgehend die Gestaltung der Visionen Hildegards.

Vier- und sechsflügelige Wesen zählten traditionell zu den höchsten Rängen jener himmlischen Engelhierarchie, die Hildegard selbst in einer SCIVIAS-Vision (vgl. Abb. 22) »gesehen« und geschildert hatte: Die CHERUBIM erblicke man voller Augen und Federn, und die SERAPHIM leuchteten wie Feuer und hätten die meisten Federn, aber eine »andere«, das heißt weitere Körperform habe sie an ihnen nicht erkennen können. (Solche Beschreibung bezog sich offensichtlich auf eine spezielle ikonographische Sorte dieser höchsten Engelwesen, die praktisch nur aus geflügelten Gesichtern bestand; Abb. 34, S. 122.) – War aus solchen Bemerkungen abzuleiten, daß die Seherin ihre prominenten Flügelwesen nicht als Engel höchsten Ranges verstand oder nicht so bezeichnet wissen wollte? Aber was hätte sie veranlassen können, die Gestalten der »charitas« und »potentia« nicht ausdrücklich als CHERUB und SERAPH zu identifizieren?

Sämtliche Farbabbildungen aus:
Hildegard von Bingen, LIBER DIVINORUM OPERUM SIMPLICIS HOMINIS, um 1230. Lucca, Biblioteca Governativa, Ms 1942

1 fol. 1r: Initiale am Beginn der Vorrede

2 fol. 1v, Erste Vision (Detail): Brustbild der »höchsten und feurigen Kraft« CHARITAS mit dem ▷
Lamm Gottes in den Armen

PARTIS

4 fol. 1v, Erste Vision: Autorenbild der Visionärin Hildegard zwischen ihren Gehilfen

◁ 3 fol. 1v, Erste Vision

5 fol. 6r, Zweite Vision (Detail): Autorenbild

7 fol. 6r, Zweite Vision (Detail): Doppelkopf ▷

6 fol. 6r, Zweite Vision (Detail): Kopf des Kosmos-Menschen

8 fol. 6r, Zweite Vision: die göttliche Schöpferkraft mit dem Universum und Kosmos-Menschen in den Armen

9 fol. 28v, Dritte Vision: zweites Bild des Kosmos-Menschen

10 fol. 6r, Zweite Vision (Detail)

11 fol. 28v, Dritte Vision (Detail)

14 fol. 38r, Vierte Vision: der kalendarisch gevierteilte Weltlauf

12 und 13 fol. 38r, Vierte Vision (Details)

16 fol. 88v, Fünfte Vision (Detail): Höllenrachen und Läuterungsstätten; links der vierflügelige »Eifer Gottes«

15 fol. 88v, Fünfte Vision (Detail): Autorenbild

17 fol. 118r, Sechste Vision: der Quadratbau der göttlichen Vorsehungen

18 fol. 121v, Siebte Vision

19 fol. 132v: Initiale am Beginn der achten Vision

20 fol. 132r, Achte Vision (Detail): CHARITAS, HUMILITAS und PAX am Lebensbrunnen ▷

22 fol. 135r, Neunte Vision: allegorische Verkörperung des Kommens Christi

21 fol. 132r, Achte Vision

23 fol. 135r, Neunte Vision (Detail): die Personifikation der Weisheit Gottes SAPIENTIA

24 fol. 135r, Neunte Vision (Detail): die Personifikation der Allmacht Gottes POTESTAS ▷

26 fol. 143r, Zehnte Vision (Detail): Autorenbild

25 fol. 143r, Zehnte Vision (Detail): die thronende Gestalt der »zuvor genannten« CHARITAS

27 fol. 143r, Zehnte Vision

Um eine lange und komplizierte Indizienkette, die hier nur mit ein paar Bildbeispielen vor Augen geführt, aber nicht im einzelnen erläutert werden kann, zusammenzufassen: Aus Hildegards scholastischer Begriffstroika *charitas-sapientia-potentia* lösen sich – formal und inhaltlich betrachtet – das geflügelte Kräftepaar *charitas-potentia*, die wohlwollend-schöpferische und die allmächtig-herrscherliche Wesensart als welthistorische Vollzugsorgane eines selbst nicht erscheinenden allerhöchsten Gottes heraus. Sucht man nach den Quellen und Vorbildern solcher »unpersönlich«-allegorischen Gottesvorstellung, so muß man weit zurückgreifen: um rund ein Jahrtausend, in die Vorstellungswelt der jüdisch-hellenistischen Theologie und Gnosis, also in die Zeit vor der Formulierung des Dreifaltigkeitsdogmas, das Vater, Sohn und Heiligen Geist zu gleichberechtigten und wesensgleichen Bestandteilen der Gottheit erklärte.

Der Theologe Georg Kretschmar hat 1956 in seinen »Studien zur frühchristlichen Trinitätstheologie« den religionsgeschichtlichen Hintergrund und die Vorstufen des Dreifaltigkeitsdogmas untersucht und dabei einige neue Aspekte der in vielen theologischen Standardwerken abgehandelten Entstehung der christlichen Glaubenslehre dargelegt, die gerade für die Bildwelt der hochmittelalterlichen Seherin von Belang sein dürften: In der »theologischen Schule« der großen Wissenschaftsmetropole des römischen Kaiserreiches, Alexandria, das im Altertum wegen seiner Bibliotheken berühmt war, hatte Kretschmar »ein Weltbild mit eigentümlich streng-hieratischer Struktur« vorgefunden, das offensichtlich auf ältere, jüdisch-hellenistische Gottesanschauungen zurückzuführen war. Schon der jüdische Philosoph Philo von Alexandria kannte eine Lehre von den zwei obersten Kräften Gottes, die allem Anschein nach im palästinensischen Spätjudentum als rabbinische Lehre von den zwei Maßen Gottes, seiner strafenden und barmherzigen Wesensart, weit verbreitet war. In einer allegorischen Auslegung der Begegnung Abrahams mit den drei »Männern« oder »Engeln« (Genesis 18) hatte Philo diese Trias als Erscheinung Gottes, flankiert von seiner *schöpferischen* und *königlichen* Kraft, erklärt. Diese beiden Kräfte, die sich auch nach ihren Gottesnamen: *Deus/Theos* und *Dominus/Kyrios* ausdrücklich als wohltätig (charistikos) und

34 Ein Musterbeispiel für die Gestalt-Ambivalenz der höchsten Thronengel: einer der Seraphim, der dem Propheten Isaias laut Altem Testament eine glühende Kohle auf die Zunge legt, erscheint zugleich als Flügelkopf und als volle Engelfigur. Aus der »Christlichen Topographie« des Kosmas Indikopleustes (Kosmas des Indienfahrers), Rom, Vatikanische Bibliothek, Ms gr. 699, fol. 72v, letztes Viertel des 9. Jahrhunderts. Nach: C. Stornajolo, »Le miniature della Topografia die Cosma Indicopleuste«, 1908

strafend, als Güte und Allmacht zu erkennen gaben, sah Philo sowohl in den Cherubim auf der Bundeslade als auch in den beiden Seraphen der Jesaiah-Vision verkörpert. – Es ist einigermaßen bemerkenswert, daß diese geflügelten Thronbegleiter, die in der Ikonographie der spätantiken und mittelalterlichen Gottesdarstellungen in vielfältigen, aber meist schematischen Abbildungen paarweise zu verfolgen sind, nun in den Visionen der Hildegard von Bingen wieder in den ursprünglichen Kontext kosmologisch-heilsgeschichtlicher Weltentfaltung zurückversetzt erscheinen.

Während die sechsflügelige Gestalt der »Allmacht« Gottes gemeinsam mit der »Weisheit« im weißen Untergewand, also im »Schmucke der Jungfräulichkeit«, ausdrücklich das heimliche Kommen des Sohnes im Laufe der Heilsgeschichte signalisierte, trat die vierflügelige CHARITAS, die von Hildegard auch *vita integra* , das heißt »gesundes Leben«, genannt wurde, als allumfassende Erzeugerin und Trägerin der Welt und ihrer weiteren Vorsehung auf. Sie

35 Das phantastische Reittier der alttestamentarischen Gottheit, der Tetramorph der Ezechielischen Vision, als »Fahrzeug« des zum Himmel entrückten Christus; im Syrischen Rabula-Evangeliar, 586, Florenz, Biblioteca Laurenziana, Ms Plut. I, 56. Nach: M. Salmi/C. Cecchelli/G. Furlani, »The Rabula Gospels«, 1959

hielt zunächst das Lamm Gottes und dann den Weltkreis mit dem Kosmos-Menschen in den Armen, so, wie schon seit frühchristlicher Zeit geflügelte Aureolen (Abb. 35) oder phantastische Mischwesen als Reittiere oder Träger der Gottheit gemäß der Ezechielischen Vision dargestellt worden waren.

Aber nicht nur alttestamentarische und frühchristliche Bildvorstellungen prägten Hildegards Konzept einer universellen göttlichen Lebenskraft; der Stammbaum derartiger welterschaffender Gotteskräfte oder kosmischer Urprinzipien ließe sich noch weiter verfolgen in den Wurzelbereich altorientalischer und indogermanischer Weltschöpfungsmythen. Panofsky hat die wesentlichen Züge dieser demiurgisch-geschichtsträchtigen Vorstellungswelt in einem Kapitel seiner »Studies in Iconology« (1939) über den »Vater Zeit« kurz und prägnant umrissen: Im Gegensatz zu einer typisch griechischen Auffassung und Darstellung der »Zeit« als flüchtiger Moment, entscheidender Augenblick, günstige Gelegenheit oder eben als *fortuna* habe es in der altorientalischen Kunst und vor allem in der iranischen Weltanschauung ein Konzept von Zeit als *Aion*, das heißt, als einer ewigen und unerschöpflichen Quelle der Erneuerung und Kreativität gegeben. Diese Bilder hätten entweder mit dem Mithras-Kult zu tun – in diesem Fall zeigten sie eine grimmige geflügelte Figur mit Löwenkopf und -pranken und von einer Riesenschlange eng umschlungen (Abb. 36a und b) – oder sie bildeten eine orphische Gottheit ab, die unter dem Namen *Phanes* bekannt sei, und in diesem Fall zeigten sie einen schönen geflügelten Jüngling im Tierkreiszeichen, im *Zodiak*, ausgestattet mit vielen Attributen kosmischer Macht und ebenfalls von einer Schlange umwunden (Abb. 37 a und b).

Daß zwischen den Bildern der mithräischen und orphischen Zeitgottheiten, die Panofsky den religionsgeschichtlichen Werken F. Cumonts entnommen hatte, und der Erscheinung der christlichen Zeitgottheit in Hildegards »Buch der göttlichen Operationen« (Farbabb. 3, 4) vielfältige motivische Zusammenhänge und Ähnlichkeiten auszumachen sind, liegt auf der Hand; und daß die Schlange nun auf einen unter den Füßen der siegreichen christlichen Schöpfung liegenden Widersacher übertragen erscheint, ist im christlichen Sinne nur konsequent. Aber sogar für diese Variante lassen sich

a b

36 a und b
Standbilder des »Kronos« (der Zeit) der spätantiken Mithras-Religion; löwenköpfig, weil die Zeit alles verschlingt, schlangenumringt wie der gewundene Lauf der Sonne am Himmel, geflügelt mit den jahreszeitlich vorherrschenden Winden etc. (a); nach: Franz Cumont, »Die Mysterien des Mithra« 1923; und »Die orientalischen Religionen im römischen Heidentum«, 1931 (b)

antike »Vorbilder« nennen, die auch schon in Panofskys »mustergültigen« Untersuchungen – diesmal in seinem Sammelband »Meaning in the Visual Arts« (1955) an vierter Stelle zu finden – eine Rolle gespielt haben: Eine der bedeutendsten Gottheiten des hellenistischen Ägypten sei *Serapis* gewesen, dessen Statue – angeblich ein Werk des Bildhauers Bryaxis – im Hauptheiligtum des Gottes, im *Serapeion* von Alexandria, zu bewundern war. Sie habe Serapis in jupiterhafter Majestät thronend gezeigt, doch sein eigentliches

37 a Bocksfüßiger »Phanes«, eine orphische Zeitgottheit im Tierkreiszeichen, schlangenumringt und geflügelt zwischen zwei Eihälften zu Häupten und zu Füßen, aus denen Flammen schlagen. Modena, Museum. Nach: Erwin Panofsky, »Studies in Iconology«, 1939 (deutsch 1980)

37 b Girolamo Olgiati, Allegorie der Alchemie, 1569. Radierung – von Panofsky 1939 zum Beweis des Fortlebens antiker Bildmuster dem Modena-Relief gegenübergestellt

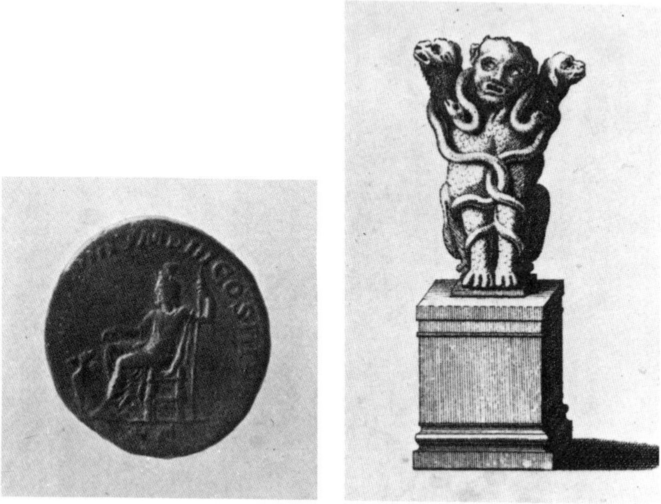

a

b

38 a und b

Der alexandrinische Serapis (a). Münze der Caracalla-Zeit (211-217). Daneben der dreiköpfige Begleiter des Gottes (b). Griechisch-ägyptische Statuette. Nach: B. de Montfaucon, »L'Antiquité expliquée«, 1722, aus: Erwin Panofsky, »Meaning in the Visual Arts«, 1955 (deutsch 1975)

Kennzeichen sei die Begleitfigur gewesen: ein dreiköpfiges, von einer Schlange umwundenes Monstrum, nach Panofsky ein ägyptisierter griechischer Höllenhund, der mit seinen drei Köpfen Vergangenheit, Gegenwart und Zukunft veranschaulichte (Abb. 38 a und b). Formal war hier die Schlange, die mit ihren Kreiswindungen selbst eine Zeitsymbolik verkörperte, samt Monstrum schon zu Füßen einer menschengestaltigen Gottheit gelandet, wenn auch noch nicht im Sinne Hildegards.

Daß der »joviale« alexandrinische Serapis, der offenbar von Ptolemäus I. als synthetische, auf ägyptischen wie griechischen Geschmack abgestimmte Staatsgottheit eingeführt worden war und sich in der Folgezeit zu einem pantheistischen Allgott, einer regelrechten Trinität bestehend aus *Zeus, Hades* und *Helios-Serapis* ausgewachsen hatte, auf das junge Christentum numinose Anziehungskraft ausübte, ist einem Brief des römischen Kaisers Hadrian – zitiert nach dem »Serapis«-Stichwortartikel in Pauly-Wissowas »Real-Encyklopädie« – zu entnehmen: »Jene, die den Serapis anbeten, sind Christen, und dem Serapis sind die ergeben, die sich Bischöfe Christi nennen.« Zwar war weder nach alter oder neuer Etymologie zwischen Serapis und biblischem Seraph, der ebenfalls bisweilen als (geflügelte) Schlange gedeutet wurde, eine nähere Verwandtschaft zweifelsfrei zu konstruieren, aber immerhin ist dieser durch Kaiserwort belegte heidnisch-christliche »Synkretismus« bezeichnend für das religiöse »Mischklima« im Nil-Land und den angrenzenden Gebieten. Natürlich war das frühchristliche Serapis-Syndrom schließlich mit Gewalt kuriert worden (der Patriarch Theophilos von Alexandria ließ 391 n. Chr. das Serapeion zertrümmern und verbrennen), und damit wurde die frühere »mésalliance« in den Untergrund mystisch-gnostischer oder magischer Geheimkulte abgedrängt – aber gerade dieser Schmelztiegel populären Aberglaubens hat auch noch andere heidnisch-christliche Mischformen hinterlassen, die dem ersten Visionsbild in Hildegards »Buch der göttlichen Operationen« noch näher kommen:

In einer Reihe von Gemmen, Amuletten und Reliefs (Abb. 39 a und b, 40 a und b) lassen sich noch die Zwischenstufen und Übergangsformen von der heidnischen zur christlichen Bildwelt verfolgen, wie A.A. Barb unter anderem und nach anderen 1964 (in einem Beitrag im »Journal of the Warburg and Courtauld Institutes«) mit neuem Anschauungsmaterial demonstriert hat. Nicht nur der klassische Götterbote Hermes fand sich mit dem christlichen »Gottesboten«, das heißt dem »angelos« Christus gleichgesetzt, auch andere, speziell ägyptische Jung-Götter wie zum Beispiel der Isis/Osiris-Sohn Horos wurden als Ebenbild des christlichen Konkurrenten verstanden und dargestellt: So ist etwa das frühchristliche Bild des »auf Löwe und Basilisk« tretenden Christus (Abb. 41) – und damit hätten wir nun die exakte ikonographische Parallele zur Luccheser CHARITAS-Miniatur – direkt aus der Darstellung des heidnischen Vorläufers »auf den Krokodilen« abzuleiten; und in diesem Darstellungskreis findet sich nicht nur das weitverbreitete Motiv der Doppelflügel, sondern auch eine so besondere Eigenart wie das Maskengesicht (des »Bes«) zu Häupten der Horos-Gestalt,

39 a

39 a und b
Byzantinisches Amulett mit christlicher und gnostischer Kehrseite. Auf der einen Seite ein von vier Engeln getragenes Brustbild Christi und Evangelien-Szenen (a); auf der anderen ein vierflügeliger ägyptischer »Horos auf den Krokodilen« mit Skorpionen in Händen, zwischen Schrift und Zauberzeichen (b). London, British Museum. Nach: A. A. Barb, »Three elusive Amulets«, in: »Journal of the Warburg and Courtauld Institutes«, 1964

39b

a

b

40 a und b
»Horos auf den Krokodilen« (a). Relief im Museum von Kairo. Ein ältlicher Vorfahr des mittelalterlichen Satan: »Bes-Pantheos« mit vier Flügeln und Löwenmasken auf den Knien (b). Jaspis-Gemme im Cabinet des Mesdailles, Paris. Nach: A. A. Barb, »Three elusive Amulets«, in: »Journal of the Warburg and Courtauld Institutes«, 1964

das im bärtigen Doppelkopf der hochmittelalterlichen Buchmalerei (Farbabb. 7, 10) seine verblüffend genaue Entsprechung hat.

Alles in allem also eine erstaunliche Übereinstimmung der Visionsimagerie der Seherin des 12. Jahrhunderts mit frühchristlichen und antik-alexandrinischen Idol-Motiven, die nur schwer als intelligente Rekombination von jahrhundertelang vagabundierenden bildlichen Einzelelementen zu verstehen wäre. In der Tat haben schon H. Liebeschütz und andere Forscher die Abhängigkeit der Hildegardschen Weltanschauung von antiken Schrift-Quellen betont, und die hier eher assoziativ-motivgeschichtlich – und nur stichprobenartig – aufgefädelte Durchsicht der heidnisch-christlichen Zeitgottheiten-Ikonographie bestätigt diese Einschätzung

41 »Christus, über Basilisk und Apsis schreitend, zertritt Löwen und Drachen das Haupt« (Psalm 90, 13). Elfenbein-Diptychon aus Genoels-Elderen, frühes 8. Jahrhundert. Brüssel, Musées Royaux d'Art et d'Histoire

vollauf. Aber dieser weithergeholten, ideengeschichtlichen Ableitung fehlt noch der aktuelle Beweggrund, der theologisch-politische und soziale Hintergrund – und zu dem bringt uns ein weiterer, wahrhaft satanischer Aspekt der Schöpfungsmythen und Flügelwesen, der im 12. Jahrhundert die staatstragenden Gewalten und Institutionen erschüttert und dann zu grausamen Gegenmaßnahmen herausgefordert hat.

5 Die »Reinen« am Rhein: Das schockierende Beispiel der Wanderprediger und katharischen »Ketzer« – und die Reaktion der Rechtgläubigen in Wort und Tat

Zur selben Zeit, als Hildegard von Bingen mit der Niederschrift ihres dritten großen theologischen Werks, des LIBER DIVINORUM OPERUM, begann, hatten auch ihre – man würde heute sagen – tagespolitisch-publizistischen Aktivitäten ihren provozierenden Höhepunkt erreicht; und sie bediente sich für solche Zwecke der gleichen literarischen Formen wie in ihren »überzeitlichen« Werken, nämlich der durch Visionen oder himmlische Stimmen autorisierten »göttlichen Verlautbarungen«: In der schriftlichen Version ihrer Kölner Moral-Predigt etwa, die Hildegard auf Bitten des Dom-Dekans im Jahre 1162 übersandte, sind alle wesentlichen Ausführungen dem apokalyptischen Gott, »der war, der ist und der kommen wird«, oder mit seinen Worten dem Teufel als Widerredner oder noch anderen Personen in den Mund gelegt. Sie selbst trat formell nur als gebrechliches Medium dieser Äußerungen in Erscheinung: »Ich furchtsame und armselige Frau bin zwei Jahre hindurch sehr dazu gedrängt worden, dieses vor Magistern, Doktoren und anderen Gelehrten an größeren Orten, wo sie wohnen, mit lebender Stimme vorzutragen. Aber weil die Kirche gespalten war, habe ich diese Stimme inzwischen zurückgezogen«, heißt es am Schluß des Schreibens.

In der Kölner Predigt war Hildegard mit den Priestern hart ins Gericht gegangen: Sie warf ihnen vor, sich durch weltliche Namen beeindrucken zu lassen, »sich mal als Soldaten, mal als Knechte und mal wie Spielleute und Sänger aufzuführen, doch mit solch unglaublichem Getue allenfalls im Sommer einige Fliegen zu verscheuchen«. Und zur Strafe und Reinigung hatte Hildegard zukünftige satanische Heimsuchungen in Aussicht gestellt: »Aber ich, der ich bin« – und damit war einmal mehr die Stimme »aus dem lebenden Licht« gemeint, die auch in anderen Visionen sprach – »sage zu denen, die auf mich hören: In jener Zeit, da dies geschieht, wird ein irrendes Volk, schlimmer als das jetzige, Euch Pflichtvergessene zu Fall bringen ... Eure Taten ... enthüllen und von Euch sagen: ›Skorpione sind sie in ihren Sitten und Schlangen in ihren Werken ...‹ Aber dies Volk, das solches tut, ist vom Teufel verführt und gesandt, und es kommt mit bleichem Gesicht daher und führt sich gleichsam in aller Ehrwürdigkeit auf ... und über Euch reden sie so: ›Warum duldet ihr [d.h. die Öffentlichkeit] jene [d.h. die Priester] unter euch, welche die ganze Erde mit ihren schmutzigen Schändlichkeiten besudeln? Denn trunksüchtig sind sie und ausschweifend, und wenn ihr sie nicht von euch weist, wird die ganze Kirche zerstört werden.‹ Die Leute aber, die solches über euch sagen, sind mit billigen Kopfbedeckungen von fremdartiger Farbe bekleidet; und sie gehen mit dem rechten Haarschnitt umher und zeigen sich den Menschen in allen ihren Sitten als sanftmütig und ruhig. Vom Besitzstreben halten sie auch nichts, Geld haben sie nicht und hinsichtlich ihrer geheimen Absichten legen sie eine solche Zurückhaltung an den Tag, daß kaum einer von ihnen ertappt werden kann. Denn mit diesen Leuten ist der Teufel, und er zeigt sich ihnen in seinem verborgenen Glanze, gleichsam im Zustand vor dem Fall der Welt, und führt sich wie ein Prophet auf und ... sagt bei sich: ›Gott liebt die Keuschheit und Enthaltsamkeit; das werde auch ich in diesen Leuten nachahmen.‹ Und so bläst der alte Feind ... ihnen ein, daß sie sich der Unzuchtsünden enthalten. Daher lieben sie die Frauen nicht, sondern fliehen sie. Und so zeigen sie sich gleichsam in aller Ehrwürdigkeit den Menschen und sagen mit spöttischen

Worten: ›Die übrigen Menschen, die vor uns die Keuschheit besitzen wollten, die rösteten sich selbst wie Bratfisch. Uns aber wagt keine Besudelung des Fleisches und der Begierde anzutasten, weil wir heilig sind und vom Heiligen Geiste durchdrungen ... ‹ Über solche Rede wird sich das Volk erfreuen, weil sie ihm als Gerechte erscheinen werden ... Aber sie sind Verführer, die unablässig den Frauen zum Zweck der Verführung zureden: ›Es gehört sich für Euch nicht, mit uns beisammen zu sein. Aber weil Ihr keine rechten Lehrmeister habt, gehorcht uns; und was immer wir Euch sagen und vorschreiben, macht, und Ihr werdet errettet werden‹. Und auf diese Weise ziehen sie die Frauen an sich und bringen sie auf ihre Irrwege. Und aus dem Hochmut ihres aufgeblasenen Geistes sagen sie: ›Wir übertreffen alle‹. Bei alledem vereinigen sie sich gleichwohl hinterher mit diesen Frauen in heimlicher Wollust, und so wird ihre Verdorbenheit und ihre Sektiererei doch entblößt.«

Diese von Hildegard so ausführlich charakterisierten falschen Heiligen einer angeblich nahen Zukunft sollten – der Kölner Predigt zufolge – dem pflichtvergessenen Klerus als »Rute zur Kasteiung« dienen, die ihm so lange zusetzen würde, bis alle seine Verfehlungen gesühnt seien. Es wären auch noch nicht jene Betrüger, die vor dem Jüngsten Tage auftreten würden, sondern nur deren voraufgehende Keime. Nach der Aufdeckung ihrer »Baal'schen Perversionen« und anderen üblen Werke würden die Fürsten und die anderen Großen über sie herfallen und sie wie tolle Wölfe erschlagen, wo immer sie sie fänden. Das würde die Morgenröte der Gerechtigkeit sein, und der vom Vergangenen in Furcht versetzte Klerus würde erglänzen wie reinstes Gold und so geläutert lange Zeiten überdauern.

War den fiktiven betrügerischen Heiligen in der Kölner Predigt gewissermaßen noch nolens-volens eine heilsgeschichtliche Zukunftsfunktion zur Züchtigung des verweltlichten Klerus zugebilligt, so schlug die »Seherin vom Rupertsberg« im Jahr 1163, in einem Brief an das Mainzer Domkapitel, gegenwartsbezogene Töne an – und setzte nun auch das stärkste Mittel ihrer Autorität, die bildhafte Vision, zur Bekämpfung jener realen sektiererischen »Betrüger« ein, deren künftige Sprößlinge sie zuvor schon zu Besserungszwecken der Kirche im Auge gehabt hatte: Im Juli des besagten Jahres »sah«

sie die 24 Ältesten um den apokalyptischen Thron versammelt, hörte ihre Erörterungen über das Schwert, das vom Munde des Thronenden ausgehen sollte, und vernahm schließlich einen Dialog zwischen dem »alten Drachen« und den »unzähligen Heiligen Gottes«, der in folgenden Ausführungen gipfelte: »Ihr aber, Völker und Geschlechter, hört den Geist zu Euch sagen: ›Die alte Schlange hat in Eurer Mitte gegen die Ohren ihre Belagerungstürme errichtet, das heißt, mit jenen, die den Sadduzäern gleichen und denen, die Baal Gott nennen und den rechten Gott nicht kennen ... Diese Menschen aber, aus denen der Teufel seine Belagerungswerke gegen das Gehör erbaut, sind wie der Krebs, der von vorne und von hinten sich ausbreitet, und wie Skorpione, die mit feurigen Schwänzen Euch im Dunklen stechen und mit dem schlimmsten Gift grausigen Unglaubens Euch vernichten ...‹«

Es folgte ein gleichnishafter Indizien-Katalog der verdammenswerten Anschauungen und Verhaltensweisen dieser Menschen, unter denen – neben der Bermerkung, daß sie schlimmer als die Juden seien – ihre Einstellung zur Schöpfung wohl am schwersten wog: Sie seien Leute, welche die »ersten Prinzipien« leugneten, das heißt, daß Gott alle Dinge erschaffen und ihren »keimenden und wachsenden Fortschritt« befohlen habe. – Die handgreifliche Konsequenz dieser Lehrvision lautete folgendermaßen: »Hört Ihr Völker, die Ihr den reinsten Glauben habt und Gott verehrt, die Stimme dessen, der war, der ist und der kommen wird, zu Euch sagen: ›Hört die Worte der Priester, die meine Gerechtigkeit verteidigen und ihr dienen, und in deren Ohren diese meine Worte tönen, und die auch diese Worte in meinem Namen an Euch richten: Werft jenes besagte schmutzige und gemeine Volk mit zum Schreien erhobenen Stimmen hinaus, peinigt sie mit scharfen und harten Worten und sorgt allenthalben für ihre Vertreibung; und treibt sie zuhauf ein für alle Mal und leert ihre Spelunken aus, weil sie Euch verführen wollen. Und dies tut deswegen, damit Ihr nicht von Gott verflucht werdet ..., denn Magister und Priester, Könige und Herzöge und Fürsten angesichts Gottes könnt Ihr nicht genannt werden, solange Ihr diesen Leuten Wohnstatt unter Euch gewährt: Denn Eure Städte und Dörfer würden zerstört werden, und Eure Besitztümer würden in der Nähe dieser verbrecherischen Menschen verheert werden, wenn sie unter Euch blieben.‹« Anschließend war wie üblich der göttliche Auftrag wiedergegeben, das Gesehene und Gehörte schleunigst an Klerus und Volk zur allgemeinen Warnung und Vorsorge zu übermitteln.

Gemessen an der schreienden Emphase dieses als »Offenbarung« eingekleideten Vertreibungsaufrufs erscheinen die Vorwürfe und Anklage-Punkte, auch gerade im Verein mit der recht eingehenden Charakterisierung der »falschen Heiligen«, recht vage und widersprüchlich; auf den ersten Blick ist aus diesen beiden Schriften Hildegards wenig mehr als die außerordentliche Dringlichkeit der Angelegenheit herauszulesen. In der Tat wußte man zu dieser Zeit noch relativ wenig von diesen Sektierern, die nach außen hin so provozierend ehrwürdig und sittsam auftraten, aber dieses Wenige genügte offenbar, um die Rechtgläubigen in Alarm zu versetzen. Es war, wie Hildegard zu Beginn ihrer »Vision« ausdrücklich vermerkte, 20 Jahre her, daß diese Leute »aus dem Rachen der schwarzen Bestie ausgeblasen wurden«: Im Jahre 1143 war ihr heimliches Treiben in Köln zum erstenmal aufgedeckt worden, wie Abt Evervin von Steinfeld in einem Brief an Bernhard von Clairvaux berichtete; er hatte dem Verhör beigewohnt und »gibt ihre Aussagen ohne gehässige Entstellung ..., ja offenbar von ihrem religiösen Gehalt stark beeindruckt ehrlich wieder«, schrieb Herbert Grundmann 1935 in seiner Arbeit über »Religiöse Bewegungen im Mittelalter«. »... der ›Ketzerbischof‹ und sein Begleiter verlangten eine öffentliche Disputation unter Leitung des Erzbischofs, bei der gelehrte Vertreter ihrer Überzeugungen zugezogen werden sollten: sie waren bereit, ihren Irrtum aufzugeben, wenn man sie widerlegen könnte, andernfalls wollten sie ihrer Überzeugung bis in den Tod treu bleiben. Auf diese Disputation hat sich der Kölner Klerus nicht eingelassen.«

Angeblich war es der Kölner Pöbel, der dem Klerus die Entscheidung abnahm und auf seine Art urteilte: Die beiden fielen der Lynch-Justiz zum Opfer, sie wurden verbrannt. Doch die Sekte hatte sich nicht in Rauch aufgelöst; zwei Jahrzehnte später, einen Monat nach der Vertreibungsvision Hildegards, standen in Köln (und Bonn) neuerlich Vorsteher und Anhänger der Glaubensgemeinschaft im Dom zum Verhör und wenig später auf dem Scheiterhaufen. Inzwischen kannte man auch ihren Namen: Sie nannten sich *Katharer* (griechisch: katharoi), die »Reinen«, und diese Bezeichnung wurde schon bald als knappes Kennwort *Ketzer* für jegliche Art von religiöser Normabweichung gebräuchlich.

»Katharische« Wanderprediger hatten sich auf balkanisch-mediterranen Kauf- und Kreuzfahrerwegen nicht nur ins Rheinland, sondern auch in Frankreich und Italien wie ein Lauffeuer verbreitet und allenthalben Argwohn und erste Abwehrreaktionen der Orthodoxie ausgelöst, die vor allem an den Bezeichnungen für diese »Zigeuner« abzulesen ist: »Der grimmige Haß, der sich in den Herzen der Katholiken gegen die Neuerer ansammelte, machte sich zunächst in allerlei Schimpfnamen Luft«, resümiert die Soldan-Heppesche »Geschichte der Hexenprozesse« (3. Auflage 1911) sehr emotional diese Vorgänge. »Man nannte sie *Bougres* [Bulgaren, d. h. Bogomilen = liederliche Menschen], *Poblikants* [Verstümmelung von Pauliciani im Sinne von Publicani = Zöllner und Sünder], *Albigenser* [von dem katharischen Bistum zu Alby in Südfrankreich], *Patarener* [nach dem Revier der Lumpensammler zu Mailand, Patavia], am gewöhnlichsten aber *Manichäer*. Bald waren aber auch über ihre Sitten, über ihr Treiben bei ihren gottesdienstlichen Versammlungen die boshaftesten und ungeheuerlichsten Gerüchte in Umlauf gesetzt, und rasch nahm daher die Verfolgung der Ketzer ihren Anfang, wobei es sich zeigte, daß der Gedanke, Ketzer müßten ausgerottet, am Leben gestraft, verbrannt werden, der Kirche und den ihr dienstbaren weltlichen Machthabern nicht mehr fremd war.«

Als Speerspitze der verschiedenartigsten religiösen »Untergrundbewegungen« wurden die Katharer für Kirche und Reich zum Inbegriff ordnungsgefährdender Auflehnung, der man zunächst ziemlich hilflos gegenüberstand, dann aber in einem international organisierten Glaubenskrieg erbarmungslos zu Leibe zu rücken begann: 1184 fand unter der Leitung des Papstes Lucius III. eine Versammlung hoher kirchlicher Amtsträger in Verona statt, an der auch Kaiser Friedrich Barbarossa teilnahm. Anlaß des Treffens war unter anderem die Organisation der Ketzerbekämpfung in Südfrankreich und den Niederlanden. Nach ihren langen schismatischen Streitigkeiten fanden hier Papst und Kaiser zum ersten Male in diesem Jahrhundert zu einer gemeinschaftlichen Aktion zusammen. Anstelle der zuvor alleinverantwortlichen ortsansässigen Bischöfe übernahmen nun päpstliche Legaten mit kaiserlicher Billigung und Unterstützung die Ketzerverfolgung – und damit begann die Epoche der Inquisition und Hexenprozesse.

»Dieses Jahr 1184 kann als ein verhängnisvoller Wendepunkt in der Geschichte der Kirche angesehen werden«, heißt es in der »Geschichte der Hexenprozesse« von Soldan-Heppe (1911). »... Jetzt wurde der Gedanke zur Geltung gebracht, daß jedes Dogma auf der Autorität der Kirche, auf dem Papsttum beruhe, daher also auch die geringste Abweichung von der Kirchenlehre eine Verleumdung der Autorität des Papsttums, die Ketzerei, sei, daß also die Ketzerei, in welcher Form sie auch auftrete, immer gleich fluchwürdig und gleich strafbar sei.« – Ein Geisteswandel bahnte sich fürs folgende Jahrhundert an, der in Soldan-Heppes Werk mit sarkastischen Worten umschrieben ist: »Während Konrad von Marburg [der Generalinquisitor für ganz Deutschland] durch Feuerprobe und Tortur die abgöttische Verehrung des Satans in Krötengestalt zur gerichtlich erhobenen Tatsache stempelte, erzählten Schriftsteller wie Gervasius Tilberiensis und Cäsarius von Heisterbach unter dem Anspruche auf historische Glaubwürdigkeit Wunder- und Schauergeschichten als selbst erlebt, die noch kurz vorher der gesundere Sinn eines Abälard, Johannes von Salisbury oder Otto von Freising als alberne Fabeln verworfen haben würde.«

Mag das düstere und blutrünstige Historiengemälde älterer Darstellungen der Ketzerverfolgungen im Mittelalter bisweilen auch überpointiert sein, die wesentlichen Züge dieses Zeitalters sind darin doch richtig getroffen. Die neuere Forschung hat das Quellenmaterial nur differenzierter interpretiert und die psychosozialen Mechanismen der Krisenentstehung und ihrer machtpolitischen Bewältigung schärfer ins Auge gefaßt: »Vom zwölften Jahrhundert an mit der Herausforderung feindseliger Sekten konfrontiert war die Kirche gezwungen, Schritt für Schritt herauszufinden, wie diese Sekten sich von denen der Spätantike [den ›klassischen‹ Häresien] unterschieden, und neue Mittel einzusetzen, um mit ihnen fertig zu werden«, liest man in Malcolm Lamberts Buch über »Mittelalterliche Häresie« (Medieval Heresy, 1977), einer der neuesten englischen Studien zum Thema der Sektenbewegungen. »Es wurde eine Maschinerie geschaffen, um sowohl die offizielle Lehrmeinung genauer zu bestimmen als auch diejenigen, die sich weigerten, Entscheidungen der [kirchlichen] Autorität anzuerkennen, ausfindig und gefügig zu machen.« – Daß in diesem langfristigen Ausrichtungsprozeß der kirchlichen und staatlichen Disziplinierungsorgane auch die »Seherin vom Rupertsberg« nicht nur mit ihren Moral- und Vertreibungspredigten beteiligt war, sondern mit dem visionären Bildprogramm ihres letzten theologischen Werks, des »Buchs der göttlichen Operationen«, auch eine »dogmatische« Antwort auf die Ketzerherausforderung zu geben gedachte, kann kaum überraschen.

6 Visionen als imaginäre religiöse Propagandawaffe – Die Erscheinung der guten Schöpfung gegen das Leitbild ordnungsfeindlicher Häresie gewendet

»Ich, die höchste und feurige Kraft, die ich alle lebenden Funken entzündet und nichts Todbringendes ausgehaucht habe ...«; mit diesen Worten stellt sich in Hildegards »Buch der göttlichen Operationen« nach der eigentlichen Visionsbeschreibung die vierflügelige leuchtende Erscheinung des ersten Offenbarungsbildes vor. Auch die weiteren Äußerungen gelten zunächst dieser lebenspendenden Qualität mit auffälliger Betonung: »Auch bin ich das feurige Leben der göttlichen Substanz, ich flamme über der Schönheit der Fluren und leuchte in den Wassern und brenne in Sonne, Mond und Sternen; und mit dem luftigen Winde gewissermaßen unsichtbar bin ich das Leben, das alles erhält, errege ich lebend alles. Die Luft lebt wirklich im Grünen und in den Blüten, die Wasser fließen, als ob sie lebten; die Sonne lebt wahrhaftig in ihrem Glanze, und der Mond wird nach seinem Abnehmen vom Licht der Sonne entzündet, damit er sozusagen von neuem lebe; auch die Sterne leuchten in ihrem Lichte wie lebend ... So bin ich als feurige Kraft in allem verborgen, und die Dinge entzünden sich selbst durch mich, wie der Atem unablässig den Menschen bewegt, und wie im Feuer die flackernde Flamme ist. All diese Dinge leben in ihrem Innersten, und man findet keinen Tod an ihnen, weil ich das Leben bin.«

Diese der *vita integra,* dem »Leben in höchster Potenz« in den Mund gelegte Natur-Charakterisierung ist in der Literatur durchweg als mystisch-pantheistische Wesensschau der Gott-Natur für sich genommen und sozusagen ohne Hintergrundskontrast dargestellt worden. Daß dieses »lebensvolle« Bild tatsächlich einem denkbar konträren Widerpart seine »feurige« Ausgestaltung verdankt, das heißt, als leuchtendes Gegenbild einer diametral entgegengesetzten Naturauffassung gedacht war, springt in die Augen, wenn man sich die Welt- und Naturanschauung der katharischen Ketzer vergegenwärtigt, die Hildegard und ihre rheinischen Zeitgenossen gerade zu Beginn der 60er Jahre so offenkundig in Erregung versetzten.

»Der Weg dieser Ketzer ... gleicht einem Triumphzug«, schrieb Arno Borst 1953 in seinem Werk über »Die Katharer«, »überall finden sie Aufnahme; eine kaum glaubliche Begeisterung trägt sie. Die langgesuchte Gewißheit für ein dumpfes Wollen scheint gefunden. Im Jahre 1143 treten sie in Köln zutage. Sie sind die ›Armen Christi‹ und führen das apostolische Leben, ohne Besitz, ständig wandernd, in Fasten, Gebet und Handarbeit. Sie allein, nicht die reichen Prälaten, sind die wahre Kirche. Aber sie sind keine Schwärmer, sie haben ihre Bischöfe und Auserwählten, die durch Handauflegung die Taufe im Feuer und Heiligem Geist empfangen und über den anderen stehen, die das Vaterunser beten dürfen, weil sie Kinder Gottes sind. Und bei ihnen sind *viri periti,* Glaubenslehrer, Theologen der Häresie. Der Gleichklang von Leben und Lehre ist berauschend: Geistliche treten der Ketzerei bei, Frauen strömen ihr zu, und die Ketzer verkünden mit erregender Selbstsicherheit, daß ihre Sekte überall verbreitet sei ... Mit Freude lassen sich die ersten Katharer in Köln und Bonn verbrennen – ihr Glaube dehnt sich aus ... In kaum mehr als zwei Jahren hat die katharische Bewegung das Land zwischen Rhein und Pyrenäen erfaßt; durchschlagend ist das Vorbild ihres einfachen Lebens, die straffe Organisation und das hohe Ideal im Hintergrund; alle Schichten werden ergriffen und vergessen ihre Schranken: der Adel, die Geistlichkeit, die Weber und Bauern ... In Köln am Rhein haben die Katharer inzwischen Schulen gegründet, denen auch angesehene Bürger angehören; in Kellern und Schuppen haben sie mit ihrer feurigen Beredsamkeit viele gewonnen; vor ihren *doctores* verstummen auch gelehrte Katholiken.«

Im Jahr der Vertreibungsvision Hildegards und der zweiten Kölner Ketzerverbrennung erfolgte auch die erste »wissenschaftliche« Auseinandersetzung mit den Lehren der Katharer; Autor und Gewährsmann war der Benediktiner Ekbert, der spätere Abt von Schönau (Trier), der Bruder und Biograph eben jener Mystikerin Elisabeth von Schönau, die mit Hildegard von Bingen in engem Kontakt und freundschaftlichem Verhältnis stand. »Er [Ekbert] hat im Jahre 1163, nachdem er schon früher und auch in diesem Jahre mit vielen Katharern diskutiert hatte, dreizehn ›Sermones adversus Catharorum errores‹ [dreizehn Predigten gegen die Irrtümer der Katharer] geschrieben, die das wissenschaftliche, theologische Anliegen neben den praktischen Zweck der Polemik stellen«, notierte Borst zu dieser Phase der Katharer-Bekämpfung. »Hier wird ... von einem Augenzeugen die neue Ketzerei geschildert und zugleich erklärt: Ekbert schuf, durch Vergleich der Ketzerlehren mit Augustins Schriften, die erste wissenschaftlich begründete Hypothese über das Wesen der Katharer – sie seien, sagt er, bei allen Abweichungen im einzelnen, doch im ganzen Manichäer.« – »Ein Fundamental-Dogma des neuen Manichäismus, daß die Seelen der zum Heil berufenen Menschen jene Engel seien, die einst im Himmel gesündigt, wurde durch Ekberts Bericht zum ersten Male bekannt gemacht«, hatte schon 1890 der Religionswissenschaftler Ignaz von Döllinger in seinen »Beiträgen zur Sektengeschichte des Mittelalters« festgestellt. »Auch die Lehre, daß die Geschlechtsvermischung die verbotene Frucht des Paradieses gewesen, war bisher nicht bemerkt worden.« Daß allerdings Hildegard von Bingen über die wesentlichen Züge der katharischen Lehre bereits informiert war, kann man mehr oder minder direkt aus ihren Briefen erschließen und aufgrund ihrer vielen Verbindungen auch voraussetzen.

Die Lehre, die nach und nach zum Vorschein kam und in den katharisch-katholischen Auseinandersetzungen auch erst schrittweise ausgestaltet wurde, ist von Arno Borst in einem »Katharer«-Stichwortartikel des »Lexikon für Theologie und Kirche« (1959) folgendermaßen charakterisiert worden: Grundgedanke sei der unversöhnliche Gegensatz zwischen der Seele des »Reinen« und der von Gott abgefallenen bösen Welt gewesen. Die Katharer hätten diesen gnostischen Satz von den Bogomilen anfangs mehr mit ethischer als dogmatischer Tendenz übernommen: Sie fühlten sich als die Seelen der mit Luzifer gefallenen Engel, die durch Seelenwanderung in dieser teuflischen Welt Buße tun, um zum Himmel heimzukehren. Ihrer Meinung nach habe Satan, der »Gott« des Alten Testaments, die Welt erschaffen und bei der Schöpfung die reinen Seelen unterjocht; er sei der gleichstarke Feind des guten Gottes, der nur im Neuen Testament gesprochen und einen seiner Engel, Christus, hinabgesandt habe, damit er die gefangenen Brüder über ihre Heimat belehre. Christi Passion sei keine Erlösungsaktion gewesen, denn die belehrten Engelseelen konnten sich selbst durch Eintritt in die Katharer-Sekte und völlige Weltenthaltung erlösen. Jede Berührung mit der Welt durch Ehe, Geschlechtsverkehr, Fleischgenuß, Eid, Krieg und Mord sei gleich sündhaft, und jeder Sünder erweise sich durch seine Fehltritte als Geschöpf Satans. Nur die reinen *perfecti* seien des Heiles sicher; jeder Rückfall aber habe als irreparabel gegolten und sei bisweilen sogar durch Selbstmord verhindert worden. Die historische Bedeutung und fortwirkende Bedrohlichkeit der Katharer sah Borst kurz gefaßt in der Tatsache, daß sie sich die Mängel der frühmittelalterlichen katholischen Seelsorge und den Ruf der Reformer nach der »armen Kirche« zunutze gemacht hätten, um ihre Weltverachtung als wahrhaft christliche Askese und ihre dogmatische Selbsterlösungslehre als »Traum von der Selbstbefreiung« zu propagieren.

Auch ohne hier auf die Differenzierung und Entwicklung der katharischen Lehre und ihrer verschiedenen Richtungen im dritten Viertel des 12. Jahrhunderts einzugehen, wie sie bei Döllinger (1890), Borst (1953) und anderen ausführlich dargestellt ist, lassen sich schon aus den grundlegenden Ansichten dieser radikal antikirchlichen Bewegung wesentliche Eigenarten und Anliegen der

Hildegardschen Schöpfungs- und Heilsgeschichte und auch einer Reihe verwandter Darstellungen – sozusagen aus dem Widerspruch – erklären: Nicht nur die fast hymnische Beschwörung der wohlwollenden göttlichen Schöpfungskraft CHARITAS wird im »Buch der göttlichen Operationen« ostentativ der katharischen Auffassung von einer seit Anbeginn satanischen Welt entgegengehalten, auch die sichtbare Gestalt der »höchsten und feurigen Kraft« führt demonstrativ vor Augen, daß die alttestamentarischen Gotteserscheinungen in Flügelwesen und allegorischen Wesensverkörperungen als Selbstoffenbarungen des »guten« Gottes und nicht des Satans angesehen werden sollten; daher auch der Rückgriff auf altertümliche Schrift- und Bildquellen, die heilsgeschichtliche und kosmologische Gesichtspunkte am klarsten mit den alttestamentarischen Epiphanien verbanden und im Bildtyp des »Horos auf den Krokodilen« etc. auch noch ein leicht aktualisierbares formales Unterwerfungsmotiv mitlieferten: Die rechtgläubig-gutartige Schöpfungskraft konnte nach diesem Muster als siegreiche Überwinderin der satanisch-häretischen Konkurrenz ausgewiesen werden, so, wie der Erzengel Michael in einem anderen, dieser Zeit sehr geläufigen Kampfbild den Drachen überwältigte (vgl. Abb. 45).

Sinngemäß bezog sich diese demonstrativ alttestamentarische Einkleidung der göttlichen Wesensarten auch auf die Gestalten der *Weisheit* und *Allmacht,* die in Hildegards Heilsgeschichte gemeinsam als allegorische Werkzeuge zur Inkarnation des Sohnes auftreten. Durch die Allegorisierung dieser Wesensarten war zugleich sichergestellt, daß die Flügelgestalt der POTENTIA zwar nicht einfach als Präfiguration, als vorhistorische Erscheinung Christi verstanden, aber doch in diesen Assoziationszusammenhang gebracht werden konnte. Eine direkte Identifizierung zu vermeiden, hatte Hildegard wohl auch guten Grund, denn das hätte ihre Visionsbilder zu nahe an jene häretischen Christus-Engel-Vorstellungen herangerückt, die schon seit den Anfängen des Christentums eine zentrale Rolle in den vom Trinitätsdogma abweichenden Anschauungen gespielt haben. Daß aber auch dieser Schritt schließlich im antikatharischen Kampf vollzogen wurde, zeigt die Legende des hl. Franziskus, des Gründers jenes Bettelordens, der zur Niederschlagung und »Vereinnahmung« der sozialrevolutionären

Ketzerbewegung im 13. Jahrhundert der Kirche so gelegen kam: Schon in den ersten Darstellungen der Franziskus-Stigmatisation (Abb. 42) erscheint als Traumvision ein Kruzifixus, der wie ein Seraph geflügelt und als solcher durch Inschrift bezeichnet ist.

Daß zur Überwindung der katharischen Gefahr generell ein assimilierendes Prinzip, das heißt, eine Entschärfung von bedrohlichem Gedanken- und Bildgut durch Aneignung oder Anverwandlung benutzt worden ist, dafür sprechen auch noch andere Indizien und Bildzeugnisse der Christus-Engel-Ikonographie aus der Brutstätte der »katharischen« Häresien, Byzanz, und ihren balkanischen Ausstrahlungsgebieten (Abb. 43). Und auch im Westen lassen sich vielfältige, vermutlich durch die provozierende ketzerische Weltanschauung »inspirierte« Bildprogramme aufspüren: So scheint das deutlich zunehmende Interesse an der Luzifer- und Engelsturz-Thematik in der zweiten Hälfte des 12. Jahrhunderts, zum Beispiel

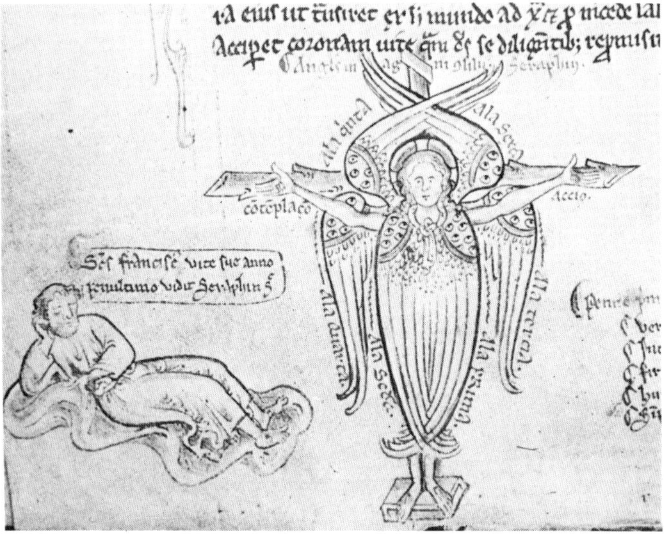

42 Cambridge, Corpus Christi College, Ms 16, Chronica Maiora des Matthew Paris, Mitte 13. Jahrhundert, fol. 66: Stigmatisation des Franziskus durch einen geflügelten Kruzifixus, der lateinisch als »Engel des großen Rates Seraphin« tituliert ist

43 Christus als Engel. Gewölbemalerei von 1295 in der Vorhalle der Sv. Kliment-Kirche von Ochrid, dem früheren Verbreitungsgebiet bogomilischer Häresien

44 und 45
»Hortus Deliciarum«. 1870 während der deutschen Belagerung Straßburgs verbrannte »Enzyklopädie« der elsässischen Äbtissin Herrad von Landsberg (um 1125–1195), fol. 3a. Obere Zone: die göttliche Majestät, umgeben von »Seraphin«, »Cherubin« und den »übrigen« Engeln; untere Zone: »Luzifer«, der höchste Engelfürst, im byzantinischen Prunkgewand (Loros); das vor ihm ausgerollte Schriftband bezeichnet ihn als »Cherub« (Abb. 44). Die zweite Bildseite, fol. 3b, verkündet auf dem Spruchband Luzifers vermessene Absicht, Gottes Thron einzunehmen; die untere Zone zeigt den Sturz des »Drachen« durch den Erzengel Michael (Abb. 45). Nach: A. Straub/G. Keller, »Hortus-Deliciarum-Nachzeichnungen«, 1899 ▷

Hortus deliciarum Pl. 1*

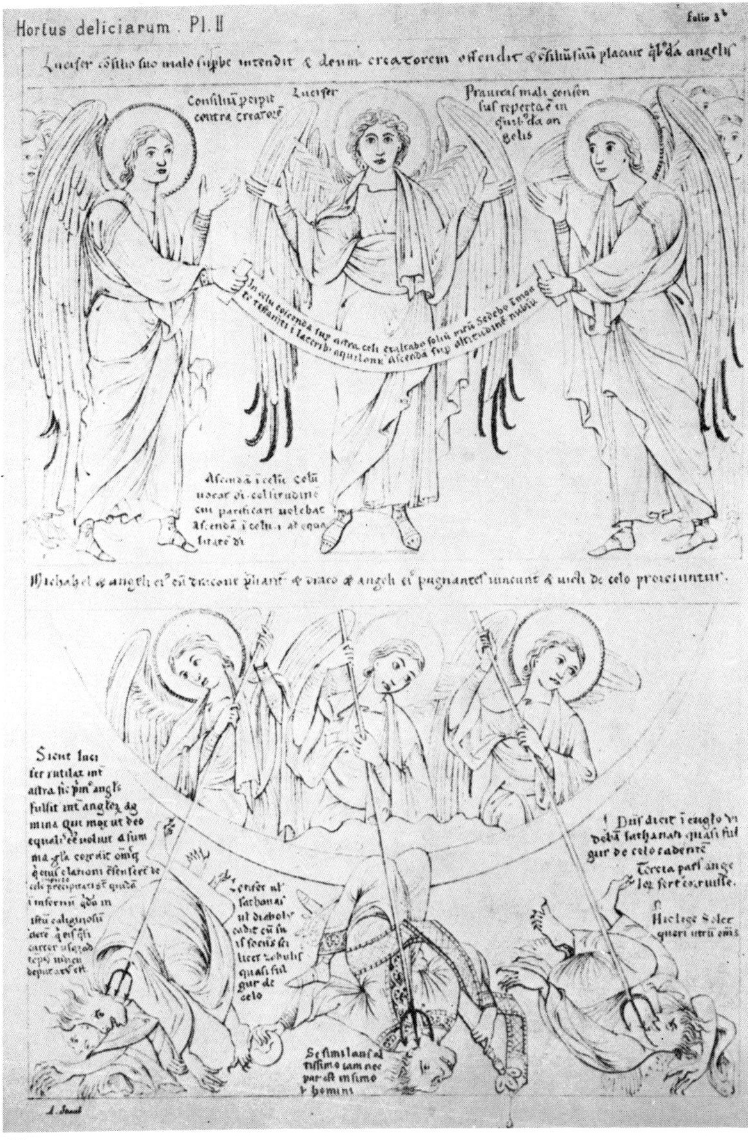
Hortus deliciarum . Pl. II
Folio 3b
Lucifer
Belis
Sicut luci
fer rutilat int
et de celo proiciuntur.
celo

im »Hortus Deliciarum« (Abb. 44, 45), der berühmten, 1870 bei der Belagerung Straßburgs verbrannten »Encyclopädie« der Äbtissin Herrad von Landsberg – neben Hildegard wohl die bemerkenswerteste Frauengestalt dieser Zeit – nur vor dem Hintergrund der häretischen Epidemien und Kontroversen ganz verständlich. Und in solchen Darstellungen, die Luzifer, den ehemaligen »Lichtbringer« und jetzigen Fürsten der Hölle noch im ursprünglichen Glanz seiner himmlischen Macht zeigen (Abb. 46), fällt dann auch die motivische Nähe und innere Verwandtschaft zur Miniatur im Luccheser Kodex ins Auge: Hildegards »höchste und feurige Kraft« (Farbabb. 4) ist in das gleiche byzantinische Prunkgewand (Loros) gekleidet wie der satanische Engel, der nach katharischer Überzeugung die Welt erschuf und in den Erscheinungen des Alten Testaments sich offenbarte.

Daß die Katharer ihre Anschauungen durch Bilder propagiert haben sollten, ist eher unwahrscheinlich: Sie waren wie in allen anderen Punkten auch in der Bilderfrage im engeren Sinne, in der Bildverehrung konsequente Gegner der Kirche und ihrer Repräsentationsformen, sie lehnten nicht nur die Sakramente, sondern auch die Darstellung des Kruzifixus etc. grundsätzlich ab: Durch die Verehrung von Bildern seien die »Römischen« offenbar Götzendiener geworden, und indem sie das Kreuz verehrten, beteten sie die Schmach Christi an. – Es dürfte also ein durchaus imaginäres »Feindbild« gewesen sein, das Hildegard wie auch andere Visionäre und Bild-Theologen mit ihren demonstrativen Offenbarungen und Bildprogrammen konfrontierten. Daß sie sich dabei in der Allegorisierung der religiösen Propaganda-Inhalte, das heißt, in der analogen, quasi-historischen Darstellung des Heilsgeschehens durch »übertragene« Sinnbildfiguren – und darin war die »Seherin vom Rupertsberg« am konsequentesten – auf der gleichen Anschauungs- und Ausdrucksebene bewegten wie ihre dogmatischen Gegner, wird deutlich, wenn man sich die katharische Version von »sinnbildlicher Heilsgeschichte« vor Augen hält: Nach Meinung der Katharer konnte Christus – um es mit Döllingers Worten zu sagen – in der ihm fremden und feindlichen Schöpfung kein materielles Wunder vollbringen, und alle Wundererzählungen des Neuen Testaments mußten daher geistig und allegorisch gedeutet werden.

46 Eine Kurzfassung des himmlischen Revolutionsdramas findet man zum Beispiel im Clm 14399 der Bayerischen Staatsbibliothek, München, einem »Hexaëmeron« des Ambrosius aus den 70er Jahren des 12. Jahrhunderts: Luzifer im ursprünglichen Glanze (links) und als »Ungeziefer« zu Füßen Michaels (rechts). Nach: Albert Boeckler, »Die Regensburg-Prüfeninger Buchmalerei«, 1924

7 »Evolution« der Heilsgeschichte kontra »Revolution« – Die »Zeitgenossin über Jahrhunderte« im Zeitalter der ökonomisch-ökologischen Götterdämmerung

Die theologische Spekulation über die Schlechtigkeit der materiellen Welt habe im 12. Jahrhundert nur gleichsam den philosophischen »Überbau« der religiösen und moralischen Forderungen der Ketzer gebildet, bemerkte Herbert Grundmann 1935 in seiner »historischen Studie« über »Religiöse Bewegungen im Mittelalter«. In Wirklichkeit hätten aber vor dem Ende des 12. Jahrhunderts keineswegs die spekulativen Probleme des Dualismus im Mittelpunkt der Auseinandersetzung zwischen Ketzertum und Katholizismus gestanden, sondern durchaus die Fragen des religiösen Lebens der Kirche. In diesem Zusammenhang kam Grundmann auch auf die sozialen Grundlagen dieser Ketzerbewegung zu sprechen: Nach einer immer wieder vorgetragenen, kaum je bestrittenen oder bezweifelten Behauptung habe sich das Ketzertum, auch die katharische Bewegung des 12. Jahrhunderts hauptsächlich in den untersten sozialen Schichten ausgebreitet, vor allem in »Handwerkerkreisen«. Die Geschichtsforschung seit dem Ende des 19. Jahrhunderts habe dazu geneigt, aufgrund dieser Annahme die häretischen Bewegungen und verwandte Erscheinungen geradezu als eine Art »proletarische Bewegung« aufzufassen. Aber jene Behauptung sei falsch; für die religiösen Bewegungen des 12. Jahrhunderts treffe sie überhaupt nicht, für das 13. Jahrhundert nur in engen Grenzen zu. – Die Tatsache, daß die von der offiziellen Amtskirche beargwöhnten und verfolgten »Wanderprediger« mit ihrer apostolischen Armut so außerordentlichen Wiederhall finden konnten, mußte bei solcher Überzeugung allerdings um so erstaunlicher anmuten.

Daß die Katharer sich jedenfalls mit ihrer subversiven Weltanschauung in denkbar schärfsten Widerspruch nicht nur zur Kirche, sondern ganz allgemein zu den bestehenden Herrschaftsverhältnissen brachten, hatte schon Döllinger 1890 bei der Aufzählung der katharischen Glaubens- und Moral-Artikel, ihrer Ablehnung der Ehe, der Tier- und Menschentötung, ihres Pazifismus und passiven Ungehorsams, zum Beispiel in der Verweigerung der Eidesleistung, dargelegt: »Wie sie schon dadurch gegen die bürgerliche Ordnung in einen feindseligen Gegensatz traten, so geschah dies noch mehr durch ihre Lehre, daß weltliche Obrigkeit und Gerichtsbarkeit unter wahren Gläubigen nicht zulässig und eine fremde, nicht von dem guten Gotte herrührende Erfindung sei, und daß demnach die Glieder der wahren Kirche zu keinem Gehorsam gegen weltliche Fürsten und Richter verpflichtet seien ... Daraus ergab sich von selbst die Verwerfung aller richterlichen Strafurteile, aller körperlichen Strafen und namentlich der Todesstrafe. Überhaupt, lehrten sie, sei es nicht erlaubt, Gewalt mit Gewalt abzuwehren, und also auch alles Kriegführen verdammlich.«

Die bequeme Ausrede von einer unzweifelhaft-lupenreinen Klassenkampfsituation, die, theoretisch angeblich erforderlich, von den Fakten leider nicht vollauf bestätigt werde, ist mit der systematischen Aufarbeitung der Wirtschafts- und Sozialgeschichte des Mittelalters zunehmend durchsichtiger geworden, wie auch Grundmann in seinem Beitrag zur SUMMA HISTORICA der »Propyläen-Weltgeschichte« 1965 einräumen mußte: »Verzicht auf ›unrecht erworbenes Gut‹ wird ... vielfach zur religiösen Losung dieser Zeit; zu ›freiwilliger Armut‹ bekehren sich zahllose Reiche und zumal ihre Frauen, oft Neureiche in den Städten, aber auch Adlige wie die junge Landgrafen-Witwe Elisabeth von Thüringen, die den ritterlichen Musenhof der Wartburg verläßt. Insofern sind die religiösen Bewegungen dieser Zeit allerdings eine Folge oder Rückwirkung ihrer sozialen und wirtschaftlichen Wandlungen: ein Protest des christlichen Gewissens gegen die zunehmend spürbare Geldwirtschaft, gegen alles Gewinnstreben durch Handel und Gewerbe als Geschäft nicht nur zur Versorgung, sondern zur Bereicherung oder um seiner selbst willen als Lebensinhalt und -ziel. Denn alles dies, was die Städte und ihr Bürgertum erst hochkommen und zu einem neuen selbstbewußten Stand werden ließ, stand in krassem Widerspruch zur christlichen Lehre und Tradition.«

Daß unter diesen wirtschaftlichen Aufstiegsbedingungen kritische Bewußtseinsprozesse ausgelöst wurden, hat Malcolm Lambert

1977 treffend charakterisiert: »Die Armutsbewegungen verkörpern eine Reaktion gegen den Reichtum der Kirche und das in der Entstehung begriffene Bürgertum in einer Zeit schnellen wirtschaftlichen Wachstums ... Hinter der Kritik an der Kirche wegen ihres übermäßigen Reichtums stand eine zunehmende Rationalität der Öffentlichkeit, ein gesteigertes Urteilsvermögen, das in einer noch unsicheren Weise doch schon fähig war, mit einem neuartigen Geschichtsbewußtsein Vergleiche zwischen der einfachen Kirche der Apostel und der komplizierten Kirchen-Hierarchie des 12. Jahrhunderts zu ziehen.«

Angesichts solch kritischer Bewußtseinsbildung, die sich in der katharischen Verweigerungshaltung gegenüber Kirche und Staat zum revolutionären Widerspruch steigerte, erscheint das visionäre Weltbild Hildegard von Bingens – bei aller Kritik, die sie an der Amtskirche übte – gerade auch in seiner medizinisch-naturwissenschaftlichen Realitätsaneignung als durchaus konservativ gedachte, Welt und Mensch trotz apokalyptischer Endzeitperspektiven in ein harmonisches Verhältnis setzende »Heilsgeschichte« – sozusagen als ein »evolutionäres«, mit der leiblichen Diesseitigkeit versöhnendes Gegenbild aller »revolutionären«, auf radikale Veränderung und Überwindung der bestehenden satanischen Weltordnung drängenden Kräfte. Daß derart »bewahrende Progressivität« anläßlich des »Gedenkjahres 800 Jahre Heilige Hildegard 1179–1979« in einer vertraut anmutenden Konfliktsituation von staatstragender Orthodoxie und häretisch-umstürzlerischen Bewegungen nun zum verpflichtenden Vermächtnis der »Seherin vom Rupertsberg« deklariert wurde, ist kaum verwunderlich.

In der Tat, noch nie ist in der Bundesrepublik eine mittelalterliche Persönlichkeit bislang so unverblümt auf die Bühne aktueller Fragestellungen zitiert worden: Während im Jubiläumsfeuilleton einer angesehenen Tageszeitung fast ehrfurchtsvoll, aber politisch eher unverbindlich eine regelrechte »Hildegard-Renaissance«, bei der es um mehr als das historische Interesse allein gehe, ausgerufen wurde (Maria-Christine Zauzich in der »Frankfurter Allgemeinen Zeitung« vom 15. 9. 1979), wurde die von der Gesellschaft für mittelrheinische Kirchengeschichte verlegte »Festschrift« in ihrer »Nutzanwendung« – so der vielsagende Zusammenfassungstitel des Beitrags »Bewahrende Progressivität – Der bleibende Auftrag der heiligen Hildegard« (von Kreisverwaltungsdirektor Claus Palm in Bingen) – schon deutlicher: »Auf dem dürren Boden unserer Tage versuchen sich neben den Daseinsanalytikern und ihrem Snobismus nunmehr Meditationen in Formen östlicher Religionen im Westen anzubieten. St. Hildegard mahnt uns, den eigenen mystischen Besitz zu erkennen und zu begreifen.« Konkreter meinte diese empfohlene Besitzbegreifung unter anderem: »Am Wege der vergrößerten Welt bis zum planetarischen Zeitalter haben spekulative Systeme, kühne Konstruktionen der Vernunft, die Menschheit begleitet. Exotische Menschenfreunde proklamierten mit progressiver Sprengkraft die totale Egalität. Bisher hat keine dieser ›Brücken‹, um mit Wilhelm Dilthey zu sprechen, gehalten. Eindimensionales Denken hat im Spannungsbereich Glaube und Wissenschaft zu einer ›epidemischen Wertblindheit‹ geführt, die nichts Ehrwürdiges mehr sehen läßt. Das alles hat St. Hildegards Hinterlassenschaft nicht erschüttert. Im Gegenteil: die Menschen des zwanzigsten Jahrhunderts können bei allem Fortschritt, der allein in der Naturwissenschaft und im Technischen anzuerkennen ist, angesichts der Wunder des Weltalls und der Atome den Kosmos nicht besser beschreiben als St. Hildegard ...«

Solch schwergewichtig-schwerfälliger Kulturpessimismus aus regional-rheinischer Verwaltungsposition traf sich in seinem wesentlichen Anliegen, nämlich angesichts des gegenwärtigen Unheils das Heil schnurstracks im Mittelalter zu suchen, mit anderen substanzielleren Festschrift-Beiträgen aus der Wissenschaftsperspektive: »Die Medizin ist am Ausgang des 20. Jahrhunderts in eine schwere Krise geraten und scheint an den Grenzen ihres Wachstums angelangt«, liest man im Beitrag des Heidelberger Medizinhistorikers Heinrich Schipperges, der seit drei Jahrzehnten mit der Übersetzung und Auslegung der Hildegard-Schriften beschäftigt ist. »Angesichts dieser kritischen Situation dürfte es berechtigt sein, wieder einmal anzuknüpfen an die weitgehend vergessenen und verdrängten anthropologischen Konzeptionen des hohen Mittelalters, in denen der Mensch noch von seinem Ursprung her und mit seiner letzten Bestimmung eingebunden und eingeborgen war in den Kosmos, in die schöne Wohlgeordnetheit einer geschaffenen Welt. Von diesem Wissen um die Welt im ganzen weiß die moderne Menschenkunde und auch die Heilkunde nichts mehr, und alle Versuche, die medizinische Anthropologie ökologisch zu erweitern und um eine Umweltforschung zu bereichern, sind gescheitert. Und doch braucht gerade eine anthropologisch ausgerichtete Heilkunst diese ökologische Orientierung, um wirklich wieder zu einer Physiologie, als der Lehre vom gesunden Leben, zu einer Pathologie, als der Lehre vom Krankwerden und Sterben, und zu einer Therapie, als der Hilfe zum richtigen Leben in dieser Welt, zu kommen. Um auf diese Lehre vom gesunden Leben in einer verfallenen Welt und ihrem Heile zu stoßen, müssen wir weit in die Geschichte unserer abendländischen Überlieferungen zurück, zurück hinter den Positivismus und hinter die Aufklärung, zurück noch hinter den modernen Rationalismus und seine Wissenschaftsgläubigkeit, ehe wir im Kern des hohen Mittelalters wieder auf eine Quelle stoßen, auf eine Strömung, die in der Geschichte der Medizin als Mönchs- oder Klosterheilkunde bezeichnet wird. Wir greifen dabei besonders dankbar auf eine Persönlichkeit zurück, die von den Medizinhistorikern als die ›Blüte der Klostermedizin‹ angesehen wird und die als die ›erste deutsche Naturforscherin und Ärztin‹ gilt: auf Hildegard von Bingen.«

Daß sich Hildegards heilsgeschichtlich entfaltete Anthropologie – sie ist eine Vorläuferin der neuzeitlichen Historisierung des Natur- und Kulturgeschehens und nicht deren Gegenteil – mit ihrer »gesunden« Leibeszugewandtheit nachträglich leicht zur staatsbewußten Auffangposition für jegliche »krankhafte« Zerfallenheit mit der Welt oder alle überspitzten und »unnatürlichen« Veränderungsversuche aufstocken ließ, liegt auf der Hand. Dafür sprechen nicht nur die schwerfälligen und in sich widersprüchlichen örtlichen Versuche, der hl. Hildegard die Probleme der Jugendsekten, der Technik- und Wissenschaftsfeindlichkeit und anderes mehr über kosmische Wunderperspektiven aufzuhalsen; auch höhere politische – nicht nur universitäre – Instanzen haben sich der »Heiligen« in diesem Sinne bereits auf Landesebene angenommen:

»Hildegard von Bingen – Zeitgenossin über Jahrhunderte« lautete der Titel eines Vortrags, den Dr. Hanna-Renate Laurien, Kultusministerin des Landes Rheinland-Pfalz, bereits im Februar des Festjahres im Binger Kulturzentrum gehalten hat (herausgegeben als »aktuelle information« Nr. 9, 1979, von der Abteilung Öffentlichkeitsarbeit im Bischöflichen Ordinariat Mainz). Die Ernennung Hildegards zur »Frau für unsere Zeit« ließ sich laut Vortragstext geradewegs aus den Konflikten zu ihrer Zeit herleiten: »Sie ist in der deutschen Mystik die große Einzelne; kühn, visionär und realistisch. Der Kampf zwischen Kaiser und Papst, das Schisma, die Katharer sind in ihr gelebtes Christentum einbezogen.«

Auf dem mit Bedacht eingeschlagenen Schienenweg historischer Parallelisierungen ließ sich auch das christliche Verhältnis zur Welt und ihren Herausforderungen auf alle Fälle als im Wandel gleichbleibend darstellen: »Schisma und Katharer des 12. Jahrhunderts, Kreuzzüge und Pest trennen letztlich genauso wenig von der Liebe Christi wie Kommunisten, Mauer und Wohlstand.« Mag die syntaktische und semantische Gleiskonstruktion dieses bemerkenswerten Aussagesatzes, der hohen Schule der indirekten Andeutung gemäß, auch verwirrend »mehrdimensional« sein, so ist sie doch zu verstehen – mit Hilfe der nachfolgenden ministeriellen »Nutzanwendung«: »In einer Gesellschaft, die alles von der machbaren Zukunft erwartet, die Ausbildungsplätze, Wirtschaftsaufkommen und Glück vor[her]berechnen will, in der in der Politik Heilszusagen versprochen werden, sollte es der Beitrag des Christen sein, keine menschliche Zukunft zu verabsolutieren.« Unübersehbar, daß hier unter den Initialen »K« und »S« die Häresie der Selbsterlösung nach bewährtem Muster angeprangert ist: Sie wird zugleich der weltlichen Zügellosigkeit und weltfeindlichen Planungsaskese bezichtigt. Unübersehbar auch, daß im »katharischen« Schreckbild vermeintlich maßloser und zugleich selbstquälerischer Überheblichkeit generell die Legitimation »unhaltbarer«, aber auch »unlösbarer« Zustände gesucht wird, daß in der mystisch-ganzheitlichen Heilsperspektive der mittelalterlichen *prophetissa teutonica* die imaginäre Bewältigung – das heißt, psychische Verdrängung – gegenwärtig auf uns zukommender Probleme greifbar erscheint und als Trost angeboten ist.

Für eine auf Wachstum eingeschworene Wohlstandsgesellschaft, die sich vor die Denk-Notwendigkeit gestellt sieht, von der Überfluß- zur Rohstoff- und Energie-Mangelwirtschaft überzugehen, kann das seelische Verhältnis zur »gesunden Leiblichkeit« ihrer Körperschaften und Organe schnell in metaphysisch-(un)heilsgeschichtliche Perspektiven einmünden. Mit der ökonomisch-ökologischen Apokalypse vor der Tür (siehe die Studien des »Club of Rome«) und den Katharern aller Couleurs im Haus bleibt dann als Verhaltensmuster nur noch eine schizophrene Mischung von praktischem Weiterwursteln und mystisch-irrationaler Sinnsuche, um sich mit der unausweichlichen Vorsehung einzurichten. Verständlich auch, daß unter dem Krisenvorzeichen der Wunsch nach Stabilität und Ordnung sich in vermehrter Traditionssuche zwecks Rückversicherung und zähflüssigen Leitwortbildungen wie »Bewahrende Progressivität« oder buchstäblich an den (Frauen-) Haaren herbeigezogenen ministeriellen Maximen niederschlägt: »Heute schreibt mancher das Wort ›Emanzipation‹ mit zwei ›N‹ und versteht es als ›weg vom Mann‹; Hildegard aber belegt in ihren kühnen Reisen, in ihren Briefen und Predigten Selbständigkeit innerhalb der Geschöpflichkeit, und sie zeigt, was christliche Tradition zur Selbständigkeit der Frau einzubringen hat. Es gibt eben nicht nur Alice Schwarzer.«

Solche Kostproben aus einer umfangreicheren »Hildegardis-Gedenkjahr«-Blütenlese signalisieren auf der Skala bundesrepublikanischer Kulturgeschichtsaneignung eine neue Tonlage und Qualität: Die dem Kulturerbe des Abendlandes oder legendären Herrscherhäusern gewidmeten Großausstellungen überließen es vorwiegend der »zusammenreimenden« Wahrnehmung, aus der scheinbar bescheidenen, staatlich-personalen Schirmherrschaft den Anspruch auf historische Legitimation herauszulesen. Die »bezeichnende« Schaustellung inszenierte den Anspruch, ohne ihn offen auszusprechen. – Mit dem Hildegard-Gedenken scheint nun ein anderer Modus geschichtlicher Rückversicherung zum Zuge zu kommen: Nicht die Glorie, sondern die (im Grunde wirtschaftlichen und sozialen) Probleme des Staates mit verunsicherten Bürgern und renitenten Jugendlichen werden als Kulturerbe »bezeichnet«, damit durch »Historisierung« vereinnahmt und scheinbar entschärft – häretische Weltveränderer, Wohlstandssünder, Emanzipation und wildwüchsige Mystik waren in dieser Perspektive schon immer eine Herausforderung an die Vollstreckungsorgane der Heilsgeschichte, sie in die rechten Bahnen zu lenken; der *prophetissa teutonica* wird es nun womöglich nach 800 Jahren die Kanonisierung einbringen.

Nicht nur die katholische Kirche und die rheinland-pfälzische Landesregierung, auch andere Weltanschauungsgemeinschaften haben sich an die Exhumierung des Hildegard-Vermächtnisses gemacht: Anthroposophen sind derzeit dabei, nachzuholen, was Rudolf Steiner 1901 in seinem Buch über »Die Mystik im Aufgange des neuzeitlichen Geisteslebens und ihr Verhältnis zur modernen Weltanschauung« versäumte, und die Protestanten waren noch schneller; bereits im Oktober 1978 fand an der Evangelischen Akademie Hofgeismar eine »Mystik-in-Europa«-Tagung statt, die nicht nur der Binger Visionärin einen prominenten Mittelplatz im Vortragsprogramm einräumte, sondern mit Meditationen am Morgen und am Abend auch schon den Übergang zur praktischen

47 »Hildegard von Bingen, 1098-1179«. Briefmarke der Deutschen Bundespost aus Anlaß des 800jährigen Todestages der »Deutschen Prophetin«

(Wieder-)Aneignung des mystischen Erbteils vorzuexerzieren versuchte.

Fragt sich letzten Endes, welcher Stellenwert solchen teilweise hinterwäldlerischen »Kulturblüten« des modernen Industriestaates Bundesrepublik Deutschland beigemessen werden sollte. – Im Rahmen jener atmosphärischen Veränderungen, die als Hang zum Irrationalismus, als »Neoromantik«, als Staatsverdrossenheit und Weltflucht, als »Rechnen mit den Beständen« anstelle fehlender Fortschrittskonzepte benannt und bedacht werden, erscheint die Aktualisierung der mittelalterlichen »Ärztin und Seherin« nur folgerichtig. Bemerkenswert ist sie vor allem dadurch, daß nun auch von seiten der etablierten Staats- und Kulturträger der Rückweg zur vorwissenschaftlich-heilen Weltanschauung ganz offen zur Daseinsbewältigung angeboten wird – aber nicht als Alternative, sondern in Konkurrenz zu den Jugendsekten, »östlichen« Meditationsbewegungen etc. Für den interessierten und betroffenen Beobachter des gegenwärtigen Kulturgeschehens ein symptomatisches Stück Rezeptionsgeschichte im Werden.

Mikrokosmos

1 Der langwierige Aufstieg und Verfall einer Denkfigur – Adam zwischen Proportionskanon und »Exlibris«: Die Welt als Ebenbild des Menschen und umgekehrt

»Alsdann erschien in der Brust der zuvor erwähnten Gestalt, die ich inmitten der südlichen Luft erblickt hatte, ein Rad von wunderbarem Aussehen …« Mit diesen Worten begann Hildegard von Bingen, wie gesagt, die Beschreibung ihrer zweiten Vision im »Buch der göttlichen Operationen« (Farbabb. 8), die – sozusagen als kinematographische Fortsetzung des ersten Erscheinungsbildes – nun von der »Totale« zu einem »close-up« überging: »In seinen Einzelheiten glich es [das ›Rad] etwa jenem Bildzeugnis, das ich vor achtundzwanzig Jahren in der bezeichnenden Form eines Eies sah, so, wie es in der dritten Vision des ›Scivias‹-Buches dargestellt ist.« – Doch im Gegensatz zu dem eiförmigen Kosmos-Bild der SCIVIAS-Handschrift, das die elementare irdische Welt von den verschiedensten himmlischen Sphären und Gestirnen umgeben zeigte, erschien im LIBER DIVINORUM OPERUM nicht nur der besagte Erdenkloß im Zentrum des sphärischen Kosmos: »In Mitten des Rades erschien das Bild eines Menschen, dessen Scheitel oben und dessen Fußsohlen unten an den Kreis der starken und weiß-leuchtenden Luft reichten. Auf der rechten Seite waren die Fingerspitzen der rechten Hand, auf der linken Seite die Fingerspitzen der linken bis

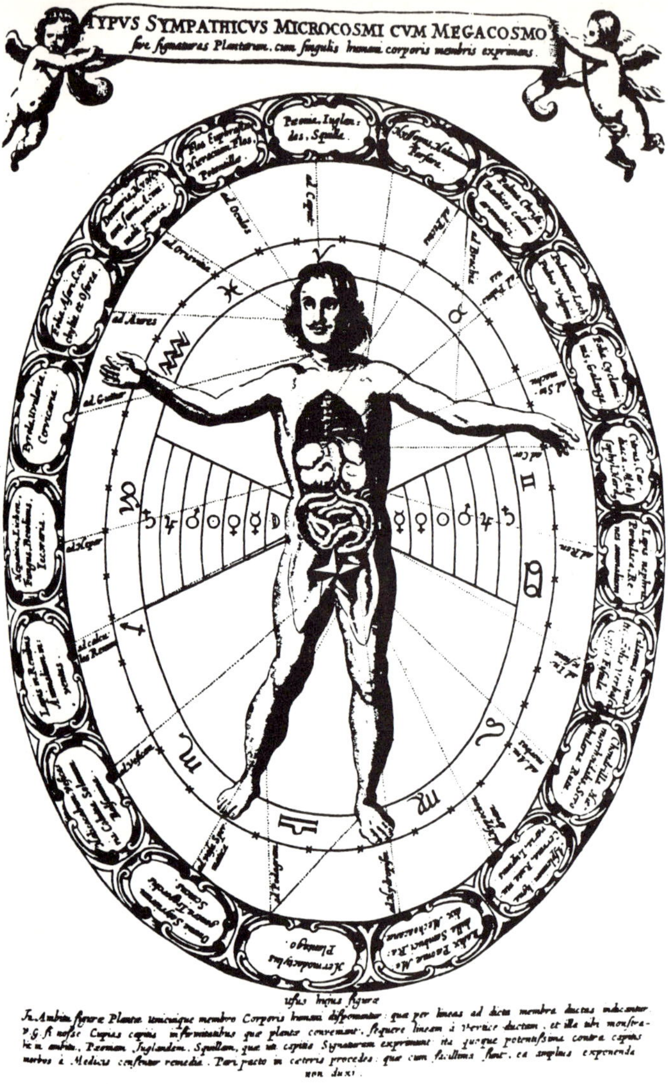

48 »Typus Sympathicus Microcosmi cum Megacosmo«. Drogenkundliche Anwendung der astrologischen Entsprechungslehre. Kupferstich. Aus: Athanasius Kircher, »Mundus Subterraneus«, 1688, nach: Hans Biedermann, »Handlexikon der magischen Künste«, München 1968

zu dieser Kreisrundung ausgestreckt.« – Es bedurfte keiner besonderen namentlichen Kennzeichnung, um diese dem Weltkreis eingeschriebene Menschengestalt – und ihr Ebenbild in der dritten Vision – als Darstellung des MAKROKOSMOS und seines Abbildes im Kleinen, des MIKROKOSMOS, kenntlich zu machen.

»Als ein Erklärungsmuster für die Komplexität der Wirklichkeit, die Denker aller Zeiten auf einfache Grundformeln zu bringen versuchten«, notierte Charles Singer 1917 zur Bedeutung dieser Denkfigur, »hat die Theorie von einer wesenhaften Ähnlichkeit des Makrokosmos und des Mikrokosmos im Mittelalter, während der Renaissance und sogar bis in die neuere Zeit hinein eine Rolle vergleichbar der Entwicklungslehre unserer Epoche gespielt. Wenn sie zeitweise auch in Aberwitz und Phantasterei ausartete, so sollte man doch nicht vergessen, daß sie einen wesentlichen Zweck erfüllte. Sie gab dem Naturgeschehen Sinn und dem Naturforscher eine (handliche) Formel, sie hielt philosophische Systeme zusammen, forderte den Verstand der Theologen heraus und lieferte den Rahmen für Prophetien, während sie gleichzeitig auch noch die Geschichte selbst zu erhellen und einen Schlüssel zur Bedeutung des Lebens zu bieten schien. Noch heute ist diese Theorie vielleicht nicht gänzlich obsolet, jedenfalls verdient sie als ein Phänomen in der Geschichte des menschlichen Denkens, als ein Konzept, das so verschiedenartigen wissenschaftlichen Autoren wie Seneca, Albertus Magnus, Paracelsus, Gilbert, Harvey, Boyle und Leibnitz zusagte, sicherlich unsere Aufmerksamkeit.«

Nicht nur als generelle Erscheinung in der Geschichte menschlicher Denkformen verfolgte Singer das Fortleben des MIKROKOSMOS-MAKROKOSMOS-Schemas, ihm waren auch durchaus individuelle Verbindungslinien als Wirkungsgeschichte von beachtlicher Reichweite ins Auge gefallen: Makroskopische Schemata des Typs, wie sie in den Schriften Hildegards, bzw. in den Bildern des Lucca-Manuskripts auftauchten, seien im Mittelalter sehr beliebt gewesen und späteren Zeiten überliefert worden. Einige Passagen in Hildegards Werk klängen Paracelsus (1491–1541) merkwürdig ähnlich, und es sei nicht schwer, ein Bindeglied zwischen diesen beiden schwierigen Mystikern ausfindig zu machen. Trithemius, der Lehrer des Paracelsus, sei Abt von Sponheim, einer bedeutenden

Siedlung beinahe in Sichtweite von Hildegards Klöstern auf dem Rupertsberg und Disibodenberg, gewesen. Trithemius habe die Schriften Hildegards mit großer Sorgfalt studiert und ihnen viel Bedeutung beigemessen, so daß sie sehr wohl seinen Schüler beeinflußt haben könnten. Den Einfluß mittelalterlicher Theorien über das Verhältnis von »Makrokosmos« und »Mikrokosmos« treffe man im übrigen auch bei zahlreichen anderen Renaissance-Autoren neben Paracelsus. Aber im Laufe der Jahre sei die Schwierigkeit, die Theorie im Einzelnen anzuwenden, immer mehr gewachsen. Tatsachen seien verzerrt und verstümmelt worden, um sie noch im Prokrustes-Bett einer überholten Theorie unterbringen zu können, die schließlich unhaltbar wurde, als das heliozentrische System des Kopernikus und Galilei die geo- und anthropozentrischen Systeme eines früheren Zeitalters verdrängte. Die Idee eines engen Parallelismus zwischen der Struktur des Menschen und der des größeren Universums sei nach und nach von den Wissenschaftlern fallengelassen worden, während sie unter den unwissenschaftlichen Geistern zu einer Form herunterkam, die wenig besser als eine geisteskranke Besessenheit gewesen sei. Als solche erscheine sie in den verrückten Hirngespinsten eines englischen Anhängers des Paracelsus, des Rosenkreuzers Robert Fludd, der – oft recht getreu – jene Schemata reproduziert habe, die 500 Jahre vor seiner Zeit aktuell gewesen seien (Abb. 49). Und als eine ähnlich phantastische Besessenheit erscheine das einstmals fruchtbare Konzept bisweilen sogar noch in modernen Werken wissenschaftlicher Erbauung.

Solcher – am wissenschaftlichen Fortschritt gemessen – pathologischen Verfallsgeschichte der »kosmischen Parallelfigur« stellte Singer eine durchaus illustre Vorgeschichte gegenüber: Hildegard habe sich das ganze Universum als von einem einzigen lebenden Geiste, der Erscheinung der ersten Vision im »Buch der göttlichen Operationen«, die als Träger des Kosmos auftrete, durchdrungen vorgestellt. Dieser Geist des »Makrokosmos«, der NOUS oder *Weltgeist* der hermetischen und neoplatonischen Literatur – die NATUR selbst – beherrsche das schreckliche Monstrum, das Prinzip des Todes und der Auflösung, die HYLE oder urtümliche Materie der Neoplatoniker, deren chaotische und anarchische Urkraft diese schöne Welt vernichten würde, wenn sie nicht von

49 Schutzumschlag des Buches von Leonard Barkan, »Der menschliche Körper als Abbild der Welt«, 1975. Verwendet wurde die Titelseite des Buches von Robert Fludd, »Utriusque cosmi maioris scilicet et minoris metaphysica, physica atque technica historica«, 1617

einer höheren Macht gebändigt wäre. – Woher habe Hildegard diese Theorie? In Umrissen sei dieses Konzept für sie in dem Werk Isidors von Sevilla »De Rerum Natura« verfügbar gewesen; insbesondere aber sei es ein zeitgenössisches Werk, Bernard Sylvestris von Tours' »De mundi universitate sive megacosmus et microcosmus«, entstanden etwa 1145–53, das in Form und Geist und bisweilen sogar in den Redewendungen dem »Buch der göttlichen Operationen« am nächsten stehe. Auch die elsässische Herrad von Landsberg habe eine Mikrokosmos-Theorie ähnlich der Hildegards entwickelt, und es sei daher wahrscheinlich, daß die Theorie in der Form, wie sie von diesen Autorinnen präsentiert werde, um die Mitte oder in der zweiten Hälfte des 12. Jahrhunderts das obere Rheinland erreicht hätte; und als Informationsquelle zog Singer in seiner Studie von 1917 unter anderem auch jene jüdischen Gemeinden im Rheinland in Erwägung, in denen rabbinisch-mystische Mikrokosmos-Spekulationen in Umlauf gewesen waren.

Zehn Jahre später – im Winter 1927/28 – konnte Fritz Saxl, engster Mitarbeiter und organisatorischer Leiter der damals noch Hamburger »Kulturwissenschaftlichen Bibliothek« des eigenwilligen Bankiersohnes Aby Warburg, in einem Vortrag vor der »Religionswissenschaftlichen Gesellschaft« über »Mikrokosmos und Makrokosmos« (1957 in seinen »Lectures« in englischer Übersetzung publiziert) schon ein sehr viel detaillierteres Geschichtsbild der bedeutungsschweren Denkfigur liefern: Die vereinten Forschungen von Orientalisten und klassischen Philologen hätten uns mit dem iranischen Schöpfungsmythos vertraut gemacht, demzufolge der erste Mensch nach dem Ebenbilde des Universums, strahlend wie die Sonne erschaffen worden sei. Die Reichweite seiner Arme habe seiner Größe entsprochen, seiner Haut der Himmel und seinem Fleisch die Erde; seine Knochen waren die Berge, seine Adern die Flüsse, sein Blut wie die Wasser der Meere, sein Bauch gleich dem Ozean, sein Haar glich den Pflanzen, das Knochenmark den Erzen, die beiden Augen der Sonne und dem Mond, seine Zähne den Sternen usw. – Diese großartige Konzeption des Mikrokosmos, zu der es Parallelen im alten Indien und in den Mythologien anderer Rassen gebe, sei durch das ganze Altertum lebendig geblieben. In der spätantiken gnostisch-hermetischen Gedankenwelt habe es

50 Der Mensch im Tierkreiszeichen. Miniatur in den »Très riches heures«, dem Stundenbuch des Duc de Berry, vor 1416. Chantilly, Musée Condé

sogar noch mehr an Bedeutung und Verbreitung gewonnen als in der kurzen Periode der sogenannten »klassischen Antike«: denn in hellenistischer Zeit sei der Mythos vom Kosmos-Menschen in die Systematik der Astrologie übertragen worden. Es stehe fest, daß diese spätantike Lehre, die zugleich Mythos und astrologische Theorie war, als Text-Grundlage mittelalterlicher Mikrokosmos-Darstellungen gedient habe.

Saxl, dem es nicht nur um die Vorgeschichte der Denkfigur, sondern im besonderen auch um das Problem der Bildquellen ging, konnte in seinem Vortrag auf eine interdisziplinäre Reihe von Untersuchungen und Studien verweisen (oder sich beziehen), die zum Teil im direkten Zusammenhang und im Rahmen der Bibliothek Warburg entstanden und veröffentlicht worden waren. Den bedeutsamen Anfang und Anstoß hatte der Bibliotheksgründer selbst mit seinem tiefgründigen Interesse für das Fortleben der »dämonischen Antike«, der »heidnischen Kosmologie und insbesondere der Astrologie«, dem seine Büchersammlung diente, gegeben; verbalen Ausdruck hatte er diesen kulturhistorischen Forschungszielen in Vorträgen und zwei programmatischen Studien verliehen: 1912 mit der »Entschlüsselung« des bis dahin rätselhaften astrologischen Freskenzyklus im Palazzo Schifanoia zu Ferrara, und 1920 (zu Beginn einer schweren psychischen Erkrankung, die seine Nähe zu den dämonischen Seiten der Kulturpsychologie nun auch im persönlichen Schicksal augenfällig zu machen schien) mit einer Untersuchung über »Heidnisch-antike Weissagung in Wort und Bild zu Luthers Zeiten«. Ihren emblematischen Ausdruck erhielt diese dämonisch-astrologische Zentrierung der Kulturwissenschaft schließlich in der Wahl einer mittelalterlichen Mikrokosmos-Makrokosmos-Darstellung als »Markenzeichen« für die Publikationen der Bibliothek Warburg: in Form einer ornamentalen Rosette mit der Zentral-Inschrift MUNDUS/ANNUS/HOMO (Abb. 51), einem »Kosmogramm« nach Isidor von Sevilla (um 560–636 v. Chr.) in deutscher Holzschnittversion des späten 15. Jahrhunderts, das spätantike Weltanschauung und »astrologische« Renaissance sinnbildlich vereinigte.

Tatsächlich setzte dieses zum Exlibris erhobene kosmische Diagramm nicht nur das Weltbild der Spätantike mit seiner Renaissance

51 Eine Art »Exlibris« der Bibliothek Warburg: das spätantike MUNDUS/ANNUS/HOMO-Schema in der Version der »Offizin Zainer«. Augsburg 1472. Nach: Robert Herrlinger, »Geschichte der medizinischen Abbildung«, I, 1967

in Beziehung, sondern beides mit der kulturwissenschaftlichen Weltanschauung der Warburgianer, wie schon ein rascher Überblick der wichtigsten Publikationen der Hamburger Forschungsstätte erkennen läßt: Gleich die erste von rund 20 vor der Übersiedelung nach London erschienenen »Studien der Bibliothek Warburg« überführte den entwicklungsgeschichtlich-kulturanthropologischen Ansatz des abwesenden Bibliotheksgründers in strengere erkenntnistheoretisch-philosophische Rahmenvorstellungen. Die Studie galt der »Begriffsform im mythischen Denken«, also jener Thematik, die Claude Lévi-Strauss Jahrzehnte später zum Angelpunkt des französischen Strukturalismus machte. Sie stammte aus der Feder des designierten »Chef-Ideologen« des Warburg-Kreises (so W. Kemps lakonische Einstufung in den »kritischen berichten«, 1975), des Neukantianers und Philosophie-Professors an der frisch gegründeten Hamburger Universität, Ernst Cassirer, der auch den Reigen der »Vorträge der Bibliothek Warburg« (nach einer Einleitung Saxls) eröffnet hatte: mit einem Vortrag über den »Begriff der symbolischen Form im Aufbau der Geisteswissenschaften«, der seine nicht nur für Hamburger Kunsthistoriker (z. B. Panofsky) folgenreiche »Philosophie der symbolischen Formen« (1923) ankündigte.

Innerhalb dieses formsymbolisch konzipierten und etikettierten, kulturhistorischen Mikrokosmos des menschlichen Erfahrungs-

und Erinnerungsvermögens fanden eine Reihe von Vorträgen und Studien ihren angemessenen Ort, die nun auch die Geschichte der Mikrokosmos-Denkfigur im engeren Sinne umkreisten und schließlich deren Erscheinung im Werk Hildegard von Bingens anvisierten und behandelten. Vorträge »Über iranische Quellen der hellenistischen Aion-Vorstellung« (H. Junker, 1921/22) und »Kosmologische Motive in der Bildungswelt der Frühscholastik« (H. Liebeschütz, 1923/24) gingen ausführlicheren Untersuchungen vorauf, zum Beispiel den »Studien zum antiken Synkretismus« der Altphilologen Reitzenstein und Schaeder (1926) oder Cassirers Schrift über »Individuum und Kosmos in der Philosophie der Renaissance« (1927), in der ein weiteres Mal die Geschichte der Mikrokosmos-Denkfigur im Rahmen einer Aufstiegs- und Befreiungsgeschichte der menschlichen Rationalität und Individualität dargelegt und so gewissermaßen die intellektuelle Szenerie für Liebeschütz' Studie über »Das allegorische Weltbild der Heiligen Hildegard von Bingen« (1930) vorbereitet wurde.

Noch bedeutsamer als das Erscheinen dieser Spezialstudie unter den Publikationen der Bibliothek Warburg war der Stellenwert, der dem Mikrokosmos-Schema und seinen bildlichen Ausprägungen im letzten, unvollendet gebliebenen Projekt Warburgs, im sogenannten MNEMOSYNE-Bilderatlas beigemessen war: Drei einführende Tafeln am Anfang, die nicht numeriert, sondern mit Buchstaben (A, B, C) bezeichnet waren, sollten wohl eines der Generalthemen präsentieren, notierte E. H. Gombrich 1970 in *einer intellektuellen Biographie* Aby Warburgs: Die erste Tafel zeige eine Himmelskarte mit den Sternbildern, eine Europakarte, in der jene Orte eingetragen waren, die in der Verbreitung astrologischen Gedankengutes eine besondere Rolle gespielt hatten, und einen Stammbaum der Medici, den Warburg bei seinen Ausführungen über heidnische Traditionen zu zeigen pflegte. Die zweite Tafel (vgl. Abb. 2) komme dann zum Kern der Sache, zum Mikrokosmos-Makrokosmos-Thema, indem sie die mystische Vision Hildegard von Bingens (Farbabb. 8) den mit Tierkreiszeichen besetzten Aderlaß-Figuren aus späteren Barbier-Almanachen gegenüberstelle, um dann seine Umwandlung zur kreisumschriebenen Proportionsfigur in Leonardos und Dürers Vitruv-Illustrationen zu dokumentieren. Die letzten beiden Bilder aber zeigten den Einfluß der Planeten auf Körper und Hand nach der astrologischen Lehre eines Dürer-Zeitgenossen, Agrippa von Nettesheim. Auf der nächsten Bilderatlastafel werde dann der Weg der kosmischen Harmonie-Idee in seinen Höhen und Tiefen mit Anschauungsbeispielen weiterverfolgt: von der Verflachung dieses tiefsinnigen Gedankengebäudes in der Wahrsagerei bis zu seinem höchsten Triumph in den Spekulationen Keplers, die den Menschen zur Einsicht in die physikalischen Gesetzmäßigkeiten des Himmels geführt hätten. – Alles in allem eine Form der mnemotechnischen Vergegenwärtigung von Geschichte, die in den »Bildersälen« und illustrierten Enzyklopädien des 19. Jahrhunderts ihre »typische« Vorgeschichte hatte, wie Günter Hess in einer Studie über »Panorama und Denkmal. Erinnerung als Denkform zwischen Vormärz und Gründerzeit« (in: Alberto Martino [Hrsg.], Literatur in der sozialen Bewegung, 1977) und in einer weiteren Schrift zum »Bildersaal des Mittelalters. Zur Typologie illustrierter Literaturgeschichte im 19. Jahrhundert« (in: Deutsche Literatur im Mittelalter. Kontakte und Perspektiven, Hugo Kuhn zum Gedenken, 1979) exemplarisch dargelegt hat.

2 Anschauungsverunsicherung und Gedächtnisverlust: Die Historismus-Krise und ihre mnemotechnische Bewältigung – Bewußtseinswelten zwischen »Sein« und »Werden«

»Die Dinge der Natur in ihrem objektiv-realen Dasein mögen allenfalls einen festen ›Bestand‹, eine relative Dauer aufweisen«, konstatierte Ernst Cassirer 1921 in seinem Vortrag über den »Begriff der symbolischen Form im Aufbau der Geisteswissenschaften«: »dem Bewußtsein ist ein solcher [Bestand] durch seine eigenste Natur versagt. Es besitzt kein anderes Sein als das der freien Tätigkeit, als das Sein des Prozesses ... Hier findet nur ein stetiges

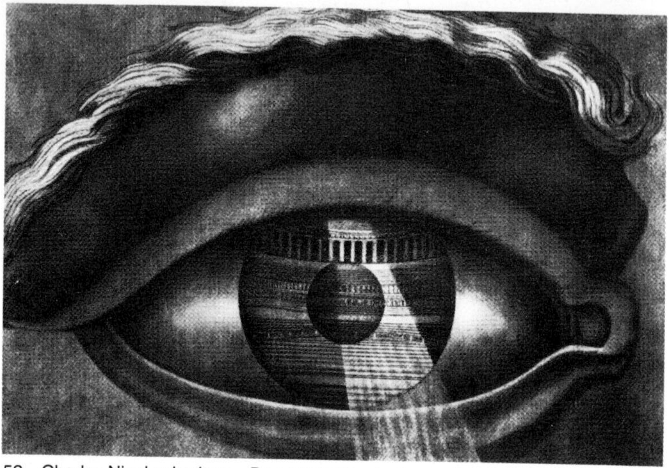

52 Charles Nicolas Ledoux, »Das erschaffende Auge«. Innenansicht des Theaters von Besançon. In: »Architecture sous le rapport de l'art«, 1804, nach: Alfred Neumeyer, »Der Blick aus dem Bilde«, 1964

Fließen statt, ein lebendiges Strömen, in dem alle Gestaltung, kaum daß sie gewonnen, wieder zergehen muß. Und eben dies bezeichnet nun die eigentümliche Antinomie, den immanenten Widerspruch des Bewußtseins selbst. Es kann sich von der Zeitform als solcher nicht befreien, denn in ihr besteht und auf ihr beruht seine eigene charakteristische Wesenheit. Und doch soll andererseits in dieser Form ein Gehalt ... erstehen; aus dem bloßen Werden soll sich ein Gebilde, eine Gestalt ... losringen.«

Um diese eigentümliche Antinomie aufheben zu können, nahm Cassirer bei dieser Gelegenheit – zumindest sprachlich – zu mirakulösen Wendungen Zuflucht: »Die Kluft, die sich hier vor uns auftut, scheint in der Tat unüberbrückbar ... Und doch begibt sich im Tun des Geistes beständig das Wunder, daß diese Kluft sich schließt ... Dieser Prozeß stellt sich uns überall dort dar, wo das Bewußtsein sich nicht damit begnügt, einen sinnlichen Inhalt einfach zu *haben,* sondern wo es ihn aus sich heraus *erzeugt.* Die Kraft dieser Erzeugung ist es, die den bloßen Empfindungs- und Wahrnehmungsinhalt zum symbolischen Inhalt gestaltet. In diesem hat das Bild aufgehört, ein bloß von außen Empfangenes zu sein; es ist zu einem von innen her Gebildeten geworden, in dem ein Grundprinzip freien Bildens waltet. Dies ist die Leistung, die wir in den einzelnen ›symbolischen Formen‹, die wir in der Sprache, im Mythos, in der Kunst sich vollziehen sehen.«

Ein Jahr später, in seiner Studie über »Die Begriffsform im mythischen Denken« (1922), reihte Cassirer auch die »bloßen Empfindungs- und Wahrnehmungsinhalte« unter die »Erzeugnisse« der Geistestätigkeiten ein: »... die Richtlinien, nach denen sich für den menschlichen Geist die Mannigfaltigkeit der sinnlichen Eindrücke allmählich scheidet und gliedert, [sind] nicht an sich, durch die bloße Natur eben dieser Eindrücke selbst, gegeben und vorgeschrieben .., sondern ... es [ist] die Eigentümlichkeit des Sehens, die Besonderheit des geistigen Blickpunktes .., wodurch sich die Gestalt der Welt, als eines zugleich physischen und geistigen Kosmos, erst bestimmt.«

Für die Konzeption einer derart denkbaren Vielfalt geistiger Anschauungswelten hatten nicht nur Kants Kategorienlehre und die daraus folgenden erkenntnistheoretischen Debatten Pate gestanden; vor allem und ausdrücklich konnte sich Cassirer auf das Paradigma der modernen Sprachwissenschaft berufen – mit den Worten ihres universellsten Vertreters, Wilhelm von Humboldt, den er schon in seinem Vortrag von 1921 mit Bedacht zitiert hatte: »Humboldt hat für die Sprache dargelegt, wie in ihre Bildung und ihren Gebrauch notwendig die ganze Art der subjektiven Wahrnehmung der Gegenstände übergehe. Denn das Wort sei niemals ein Abdruck des Gegenstandes an sich, sondern des von diesem in der Seele erzeugten Bildes. ›Wie der einzelne Laut zwischen den Gegenstand und den Menschen, so tritt die ganze Sprache zwischen ihn und die innerlich und äußerlich auf ihn einwirkende Natur. Er umgibt sich mit einer Welt von Lauten, um die Welt von Gegenständen in sich aufzunehmen und zu bearbeiten. Durch denselben Akt, vermöge dessen der Mensch die Sprache aus sich herausspinnt, spinnt er sich in dieselbe ein, und jede [Sprache] zieht um das Volk, welchem sie angehört, einen Kreis, aus dem es nur insofern hinauszugehen möglich ist, als man zugleich in den Kreis einer anderen hinübertritt.‹ Was hier von der Welt der Sprachlaute gesagt ist, das gilt nicht minder von jeder in sich geschlossenen Welt von Bildern und Zeichen, also auch von der mythischen, der religiösen, der künstlerischen Welt.«

Mit dieser Verallgemeinerung des berühmten Humboldt-Zitats, das bereits Generationen von Geisteswissenschaftlern inspiriert hatte, war nicht nur eine sozusagen geographische Einteilung der Anschauungs- und Ausdruckswelten in Kulturkreise, sondern ebensosehr – gemäß dem Modell der Sprachfamilienentwicklung, das die Linguistik seit dem 18. Jahrhundert (re)konstruierte – auch eine Historisierung denkbar geworden. Schon Mitte des 19. Jahrhunderts hatten Sprachforscher wie Lazarus und Steinthal das System einer *Völkerpsychologie* entworfen, das dann von Wilhelm Wundt um 1900 in einem zehnbändigen Monumentalwerk unter diesem Titel als »Eine Untersuchung der Entwicklungsgesetze von Sprache, Mythus und Sitte« in mehreren Auflagen (1900, 1904, 1911 und 1921) präsentiert wurde. Von der Sprache als maßgebendem Zeichensystem ausgehend war hier das ganze Spektrum kultureller Erscheinungsformen zum Universalgegenstand einer Kollektiv-Psychologie gemacht, die zugleich auch deren Psycho-Historie voraussetzte und im Sinn hatte und demgemäß das Wesen der Sprache aus ihren mimisch-gestischen Vorformen systematisch entwickelte: Am Anfang der ersten beiden Bände über »Die Sprache«, denen ein dritter über »Die Kunst« und drei weitere über »Mythus und Religion«, zwei über »Die Gesellschaft« und je ein Band über »Das Recht« sowie zur »Kultur und Geschichte« folgten, stand eine theoriekritische Abhandlung der *Ausdrucksbewegungen,* der *Gebärdensprache,* der *Sprachlaute,* des *Lautwandels* und der *Wortbildung,* die in ihrer Systematik jeweils auch die Aspekte ihrer Entstehung und Verwandlung umfaßte. – Alles in allem einer der großartigsten – und letzten – Versuche, die Sphären der Kultur und Geschichte in einem zugleich universellen und detaillierten geisteswissenschaftlichen Ansatz zu erfassen, der nach Umfang und »Geschlossenheit« für alle weiteren Unternehmen solcher Art vorbildlich war.

Den von Wundt und anderen Humboldt-Nachfahren vorgegebenen Ansatz, die Sprache als »Leitfossil« der Kulturentwicklung zu nehmen, machte sich auch Cassirer für seine »Philosophie der symbolischen Formen« zu eigen: Auch sie beginnt (nach einem Einführungskapitel zum Sprachproblem in der Philosophiegeschichte) mit Ausführungen über »Die Sprache als Ausdrucksbewegung, als Gebärden- und Wortsprache« – allerdings konsequent auf sein erkenntnistheoretisches Generalthema ausgerichtet, wie er es schon in seinen »Vorträgen und Studien der Bibliothek Warburg« umrissen hatte. Bereits 1921 hatte er – im Anschluß an das Humboldt-Zitat – die besonderen Qualitäten »jener in sich geschlossenen Welten von Bildern und Zeichen« erörtert: »Sie alle treten *zwischen* uns und die Gegenstände; aber sie bezeichnen damit nicht nur negativ die *Entfernung*, in welche der Gegenstand für uns rückt, sondern sie schaffen die einzig mögliche, adäquate *Vermittlung* und das Medium, durch welches uns irgendwelches geistiges Sein erst faßbar und verständlich wird.« Das erkenntnistheoretische Dilemma, in das die aufgeklärte Vernunft spätestens mit Kants Ausführungen über die Unerreichbarkeit der Dinge-an-sich geraten war, wurde hier zur unerläßlichen Voraussetzung kollektiver Vernunftentwicklung gewendet: »Gelänge es, alle Mittelbarkeit des sprachlichen Ausdrucks und alle Bedingungen, die uns durch sie auferlegt werden, wahrhaft zu beseitigen, dann würde uns nicht der Reichtum der reinen Intuition, die unsagbare Fülle des Lebens selbst entgegentreten, sondern es würde uns nur wieder die Enge und Dumpfheit des sinnlichen Bewußtseins umfangen.«

Konkret-historisch meinte solch unumgängliche Entfernung von den Dingen-an-sich einen »Bewußtseinsprozeß« der Menschheit, der von totemistischen und mythischen Anschauungsformen zu astrologischen fortschritt und mit der Renaissance ihren »intellektuellen Wendepunkt« erreichte. Ihm entsprach ein »dreifacher Stufengang« in erkenntnistheoretischer Hinsicht, den Cassirer als Fortschritt von *mimischen* zu *analogischen* und schließlich rein *symbolischen* Ausdrucksformen auslegte – ein Fortschritt zur symbolischen Abstraktion, der sich nicht nur in der Sprache als zunehmende Trennung von *Zeichen* und *Bezeichnetem* niederschlug, sondern sowohl im Bereich der logisch-mathematischen Wissenschaften als auch in der Sphäre des anschaulichen Vorstellungs- und Darstellungsvermögens zu verfolgen war. Wesentliches Merkmal dieses alle »Modalitäten geistiger Auffassung« – Sprache wie Religion, Kunst wie Wissenschaft etc. – übergreifenden Bewußtseinsprozesses der Menschheit war nach Cassirer eine schrittweise, sequentiell geordnete Distanzierung von jeglicher Form naiver Anschauungsgewißheit, die schließlich in einer »Selbstthematisierung« dieses Vorganges innerhalb der Geisteswissenschaften gipfelte: Abschied von allen Arten von Abbildtheorie und Einsicht in die schöpferische Freiheit der Geistestätigkeit waren die neukantianisch-idealistischen Maximen dieser epistemologisch nach Erkenntnis-Niveaus gestuften Psycho-Historie.

»Die Form der wissenschaftlichen Naturerklärung, wie sie seit der Renaissance, seit Galilei und Kepler in ihren Hauptzügen unverrückbar feststeht«, so lautete Cassirers Charakterisierung des wissenschaftsgeschichtlichen Wendepunktes in seiner Studie von 1922, »besteht wesentlich darin, alles Sein in ein Werden, in räumlich-zeitliche Beziehungen aufzulösen und es in den Gesetzen dieser Beziehungen zu begründen. In der mathematischen Theorie des Naturgeschehens, die diesen Gedanken am reinsten und vollkommensten ausprägt, muß jeder Inhalt und jedes Geschehen, um überhaupt der Erklärung zugänglich zu werden, zunächst in einen Komplex von Größen verwandelt werden, die im allgemeinen von Moment zu Moment als veränderlich angesehen werden ... Die Form des Ganzen, wie sie für die sinnliche Wahrnehmung oder für die reine Anschauung vorhanden ist, verschwindet; an ihre Stelle setzt der Gedanke eine bestimmte Regel des Werdens.«

Dieser Umbruch in der Vorstellungsweise verlieh der Renaissance in Cassirers Augen den Rang eines geistigen Revolutionszeitalters, das den Aufstieg der Menschheit zu einer höheren Stufe innerer Gedankenfreiheit einleitete: »Dieser Auflösung in die Elemente des Werdens und in ihre reine Größenbestimmtheit ist die astrologische Anschauung des Seins aufs schärfste entgegengesetzt. Sie findet in jedem noch so kleinen Teil die Form des Ganzen wieder ... Für die moderne Wissenschaft ist die Einheit, die sie sucht, die Einheit des Naturgesetzes als eines reinen *Funktionsgesetzes;* für die Astrologie ist es die Einheit eines bleibenden und durchgehenden Bestandes, einer *Struktur* des Weltganzen.« In solcher Gegenüberstellung gewann für Cassirer »der entscheidende Grundgedanke der Astrologie, der Gedanke der Einheit des Mikrokosmos und des Makrokosmos« erst seine scharf umrissene Bedeutung: Diese Einheit sei auch dort, wo sie dem Ausdruck nach als kausale und dynamische erscheine, ihrem Ursprung und ihrer Grundbedeutung nach noch immer eine statisch-substantielle Einheit. Es sei eine ursprüngliche Einheit des Seins, auf die sich die vermittelte Einheit des Wirkens hier deutlich zurückbezöge. »Der primäre Grund dafür, daß der Mensch dem Gesetze des Kosmos untersteht, liegt nicht darin, daß er vom Kosmos her stets erneute *Einwirkungen* erfährt, sondern darin, daß er, im verkleinerten Maßstab, der Kosmos selbst *ist.*«

Die schrittweise »Befreiung aus dem Bann der astrologischen Denkweise« sah Cassirer in Keplers großem Werk über die Weltharmonie (1619) auf ambivalente Weise vollendet: Noch einmal sei hier in einem umfassenden und wahrhaft grandiosen Entwurf der Gedanke der wechselseitigen Entsprechung zwischen allen Teilen des Universums, zwischen der Welt und dem Menschen durchgeführt, aber der Schwerpunkt habe sich zu rein mathematischen Verhältnissen verschoben. – Und auch in seiner Aby Warburg gewidmeten Schrift über »Individuum und Kosmos« (1926) blieb die Wandlungsfähigkeit des »Grundmotivs der Renaissance-Philosophie«, wie er das Mikrokosmos-Motiv hier nannte, als Problem präsent. An den Schriften des Arztes und Mystikers Paracelsus demonstrierte Cassirer das Umschlagen einer »rein kausalen« Konzeption der Mikrokosmos-Denkfigur in eine »teleologische«, die der Subjektivität *innerhalb* dieses Weltbildes eine neue Stellung eroberte: »Wenn dieser Gedanke verlangt, daß das Ich des Menschen aus der Welt erkannt wird, so schließt er andererseits die Forderung in sich, daß die echte und wahrhafte Welterkenntnis durch das Medium der Selbsterkenntnis hindurchgehen muß.«

Daß mit dieser Bemerkung Cassirers über die »Entdeckung des Ich« ebensosehr und noch viel mehr das erkenntnistheoretische Trauma der jüngsten Neuzeit – des ausgehenden 19. Jahrhunderts – benannt war, liegt auf der Hand: Erst in der Phase der exakten experimentellen Sinnesphysiologie konnte die scheinbar unüberbrückbare Grenzscheide zwischen den Innenwelten subjektiver Wahrnehmung und der real-gedachten Außenwelt jene tiefgreifende Verunsicherung heraufbeschwören, die in den berühmt-berüchtigten Formulierungen der Physiker Helmholtz und Mach, es sei im

53 Der Blick aus dem linken Auge, oder: »Der Übergang vom Gebiet der Physik in jenes der Physiologie oder Psychologie«. Aus: Ernst Mach, »Analyse der Empfindungen«, 1885 (1), nach einem Etwurf des Autors von etwa 1870

Prinzip – vom Subjekt aus – unmöglich, Traum und Wachen zu unterscheiden, ihren treffendsten Ausdruck fand. Für eine Zeit, die den Impressionismus nicht nur als Malstil, sondern als Lebensstil – als Leben von Augenblick zu Augenblick – diskutiert und praktiziert hatte, der Bewußtseinsumfang und Empfindungsverlauf, Denkräume und Präsenzzeiten, das Werden und Vergehen der

Formen in der Anschauung wie in der Vorstellung, Erinnerungsvermögen und Gedächtnisverlust zum wissenschaftlichen Problem der Selbsterkenntnis geworden waren, mußte ein neuartiges Bedürfnis entstehen, die bedrohten Bestände des historischen und systematischen Wissens sich anzueignen und sicherzustellen: durch die Rekonstruktion eines geschlossenen Kultur-Universums, das nicht die Fakten-an-sich, sondern die psychischen Gesetzmäßigkeiten ihrer subjektiven Verknüpfung in Rechnung stellte. Cassirers »Philosophie der symbolischen Formen« bot einen solchen Verständnis-Rahmen: In einer über die Modalitäten subjektiver Erkenntnis zurückgewonnenen Geschlossenheit aller Weltanschauungskreise konnte nicht nur Aby Warburgs »Pathologie« der gesellschaftlichen Rationalität (durch Eroberung affektregulierender »Denkräume der Besonnenheit«) und seine subversive Topographie der »Pathosformeln« versöhnend aufgenommen werden; in einer solchen strukturgenetisch rückgekoppelten Kulturgeschichte war auf ihre Weise auch die »symbolische Form« des Mikrokosmos wiederhergestellt.

3 Konstanten und Archetypen, Metamorphosen und Inversionen – Die Wiederherstellung eines geschlossenen Kultur-Universums: Der Mensch und seine Symbole

Cassirer war nicht der erste und nicht der einzige moderne Denker, der sich mehr oder minder ausdrücklich der Mikrokosmos-Denkfigur bediente; und andererseits war es wohl nicht so ausschließlich die Philosophie der Renaissance, die das neuzeitliche »Individuum« aus den Banden mittelalterlich-astrologischer Denkweise befreite. Jene Überführung allen »Seins« in ein »Werden«, die Cassirer – mit Recht – der Mathematisierung der Naturwissenschaften in Rechnung gestellt hatte, konnte ebensogut dem ausgehenden Mittelalter zugeschrieben werden, wie überhaupt das Monopol der Renaissance, künstlerischer und intellektueller »Wendepunkt« sondergleichen zu sein, Gegenstand anhaltender Debatten geblieben ist. Sowohl die mittelalterliche Vorgeschichte *des* »Grundmotivs der Renaissance-Philosophie« wie auch seine weitere Wirkungsgeschichte bis hin zum Emblem der Warburgianischen Weltanschauung machen jedenfalls darauf aufmerksam, daß über derartige historische Distanzen die Probleme des allmählichen Hervortretens bestimmter Denkmuster, ihrer Konstanz oder inneren Veränderung zur definitorischen Stolperstrecke werden. Wann etwa das – laut Cassirer – »im Grunde statische« Mikrokosmos-Schema des Mittelalters wahrhaft in Bewegung geriet, ist buchstäblich Ansichtssache.

Daß zumindest die Formen literarischer Präsentation und malerischer Darstellung schon zu Zeiten Hildegards in Bewegung gerieten, war speziell am Spätwerk der rheinischen Seherin, den Visionsbeschreibungen im »Buch der göttlichen Werke« und den Illustrationen im Lucca-Kodex, bereits unübersehbar – und in einer Zeit, die eine explosionsartige Entfaltung der epischen Literatur und bald auch der bildlichen Erzählformen erlebte, nicht weiter verwunderlich; und daß es sich hier nicht nur um rein »formal«-stilistische, sondern ebensosehr um »inhaltliche« Bewegungsformen handelte, war, wenn nicht am Mikrokosmos-Motiv, so doch an einer nächstverwandten Denkfigur abzulesen, die zur gleichen Zeit – gewissermaßen als Pendant des kosmologischen Schemas – heranreifte: Gemeint ist die *Wurzel Jesse.*

Das Bild des Baumes als Vorstellungsvehikel für eine zeitlich entfaltete Welt zu nehmen ist zwar keine exklusiv europäische oder gar mittelalterliche Symbolerfindung; daß sich der Stammbaum Christi aber Seite an Seite mit dem Mikrokosmos-Schema, im Milieu einer formalen wie inhaltlichen »Mobilmachung« der Anschauungsweisen zum ikonographisch verfolgbaren Muster auswuchs, ist sicher kein Zufall. Wörtlich genommen bedeutete die *Wurzel Jesse* nicht viel mehr als eine schematische Auflistung der Vorfahren Christi, ins Bild gesetzt konnte sie jedoch den Eindruck unvermindert fortwirkender Wachstumskräfte wachrufen: Die Bildfigur der »ersten Fleischwerdung« ließ sich, so gesehen, leicht als Vorbild der »zweiten Wiederkehr« verstehen. An die Stelle der biblischen

54 Der »gute Baum«, der als bildhafte Früchte Porträts der Tugenden trägt; an der Wurzel die Kardinaltugend »Karitas«. Aus dem »Liber Floridus Lamberti« von St. Omer, 1120. Ghent, Universitätsbibliothek

Vorfahren brauchten nur die Triebkräfte der weiteren Heilsgeschichte zu treten: Aus der *Wurzel Jesse* wurde der *Baum der Tugenden;* und manche Bäume dieser Art – zum Beispiel im Ghenter »Liber Floridus« (Abb. 54) – hatten an der Wurzel namentlich bezeichnete Verkörperungen des göttlichen Schöpfungstriebes (Karitas), während an den Spitzen der Bäume meist der *Neue Adam* Christus als deren höchste Frucht heranreifte (vgl. Abb. 25).

Hinsichtlich des Kerns heilsgeschichtlicher Zielvorstellungen, der – bildlichen – Hervorbringung der *Novus-Adam* -Figur, zeigten die »Wurzeln Jesse« und Mikrokosmos-Schemata nicht nur gewisse Übereinstimmung, sondern bisweilen auch fließende Übergänge (Abb. 55): Die allumfassende Natur, die gelegentlich als personifiziertes Paradies den alten und neuen Adam zugleich in den Armen hielt, konnte auch als Symmetrie-Zentrum allegorisch-ornamentaler Baumkronen oder Symbol-Konfigurationen erscheinen, wie es

55 »Paradysus« als Träger des Lamm Gottes, umgeben von den vier Weltflüssen, Kardinaltugenden und Evangelistensymbolen, darüber die Endzeitvision des thronenden Christus zwischen den Leidenswerkzeugen. Aus einer St. Emmeraner Handschrift, um 1170–85; Bayerische Staatsbibliothek, München, Clm 14159, nach: Albert Boeckler, »Die Regensburg-Prüfeninger Buchmalerei«, 1924

für die Darstellung göttlicher »Epiphanien« und traditioneller Visionen seit der Antike üblich war (Abb. 56). Ein breites Spektrum formaler »Metamorphosen« lag also zwischen dem Typus des reinpflanzlichen Fruchtträgers, den erst die mittelalterliche Kunst mit ihrer Entfaltung vegetabiler Ornamentik stilgerecht ins Bild setzen konnte, und der typisch altertümlichen, geflügelten, aber menschlichen Trägerfigur, die Hildegard von Bingen in den Anfangsvisionen ihres letzten Werks zunächst mit dem Lamm und dann mit dem Kosmos in den Armen präsentierte (Farbabb. 3, 8). Gemeinsam war diesen Fruchtträgern die heilsgeschichtliche »Bewegtheit«: Flügelwesen und Baumgewächs dienten gleichermaßen dazu, den historischen Prozeß sinnbildlich vor Augen zu führen – im doppelten Sinne: So, wie sich in der »großen Welt« die Heilsgeschichte vollzog, so sollte sie sich nach Möglichkeit auch in der »kleinen Welt« des einzelnen Menschen erfüllen; der »Neue Adam« Christus sollte hier wie dort »historisch« hervortreten.

56 Eine geflügelte Aureole – mit den Köpfen des Tetramorphs (Mensch, Adler, Stier und Löwe) im augenbesetzten Gefieder – als Träger der göttlichen Majestät. Apsismalerei aus dem oberägyptischen Kloster Bawit, 6./7. Jahrhundert. Nach: Jean Maspero, »Fouilles exécutées à Baouit«, 1943

Daß mit der Einbettung in allegorisch-historisierte Vorstellungen das »statische« Mikrokosmos-Diagramm wohl schon früher als von Cassirer angenommen, nämlich bereits im 12./13. Jahrhundert, in Verlaufsformen des Werdens – zumindest in der bildhaften Phantasie – überführt wurde, war für die Proto- und Geheimwissenschaften wie Medizin, Alchemie und Magie, die von der Mikrokosmos-Denkfigur so ausgiebig Gebrauch machten, eine wichtige Voraussetzung: Jenes »bildliche Denken« in Verlaufsformen, das die ältere Kunstwissenschaft als Eigenart gotischer Formenauffassung hervorgehoben hat, mußte den »Rationalisierungen« und mathematischen »Funktionalisierungen«, das heißt der *kausalen Rekonstruktion* anschaulicher Auffassungsweisen in Konzepten und Rezepten, in physikalischen Gesetzmäßigkeiten oder magisch-alchemistischen Regeln voraufgehen. Der Umbruch zu den Vorformen moderner Wissenschaft hätte so gesehen die spektakuläre »Befreiung des Individuums« in der Renaissance nicht nur vorbereitet, sondern als kollektiven Lernschritt bereits in Szene gesetzt.

Jene »Befreiung aus der kosmischen Sklaverei«, die Saxl – ganz im Einklang mit Cassirer – in Dürers »Melencolia« (Abb. 57) und Leonardos »Proportionskanon« (Abb. 58) exemplarisch verkörpert sah (während Leonardos Zeichnung sozusagen eine realistische Profanierung des Mikrokosmos-Schemas zur empirischen Naturerkenntnis hin darstelle, sei Dürers Melancholie ein Sinnbild der reflektierenden und damit letzten Endes befreienden Einsicht in die Gesetzmäßigkeiten auch der eigenen Natur), war nicht so endgültig, wie es die Vorträge und Studien der Warburgianer nahelegten: Nicht nur die kontinentalen und englischen Paracelsus-Adepten wie Robert Fludd und ähnliche »Verrückte« , die der Wissenschaftshistoriker Charles Singer 1917 so nachdrücklich auf den absteigenden Ast der Ideengeschichte geschoben hatte, sorgten für das phänomenale Fortleben der Mikrokosmos-Denkfigur; auch nach dem »kopernikanischen Schock« verlor die Vorstellung, daß der Makrokosmos irgendwie mit den irdisch-menschlichen Verhältnissen in Beziehung stehe, keineswegs ihre Faszination: Gerade das ins Unermeßliche erweiterte Universum verlangte mehr denn je nach »allumfassenden«, wenn auch nicht mehr anschaulich faßbaren Ordnungsmustern. Mit der »Pluralität der Welten« ließ sich jener Verlust an »Spielräumen der Phantasie«, den die Erkenntnis der Kugelgestalt der Erde mit sich gebracht hatte, mehr als ausgleichen: Der Weltenraum wurde zum »Eldorado« einer oft visionären Phantastik, die nun die engen planetarischen Grenzen der mittelalterlichen Astrologie weit hinter sich ließ.

Es war der »Erzphantast« Swedenborg, der den unendlich vergrößerten Makrokosmos mit Hilfe seiner »visionären Anatomie des Himmels« (Ernst Benz zufolge [1978] »die eingehendste Systematisierung der Idee von der Gottesbildlichkeit des Menschen in der abendländischen Geistesgeschichte«) wieder ganz auf menschliche »Körperverhältnisse« zurückführte; und auch der ungeheure Aufschwung der exakten Naturwissenschaften im 19. Jahrhundert und

57 Albrecht Dürer, Melencolia I. Kupferstich von 1514. Nach Fritz Saxl ein Sinnbild saturnischer Selbsterkenntnis: Mathematik und Melancholie verkörpern hier die subjektive Suche nach allumfassenden Naturgesetzen, die Welt und Mensch verbinden. Aus: Fritz Saxl, »Lectures«, 1957

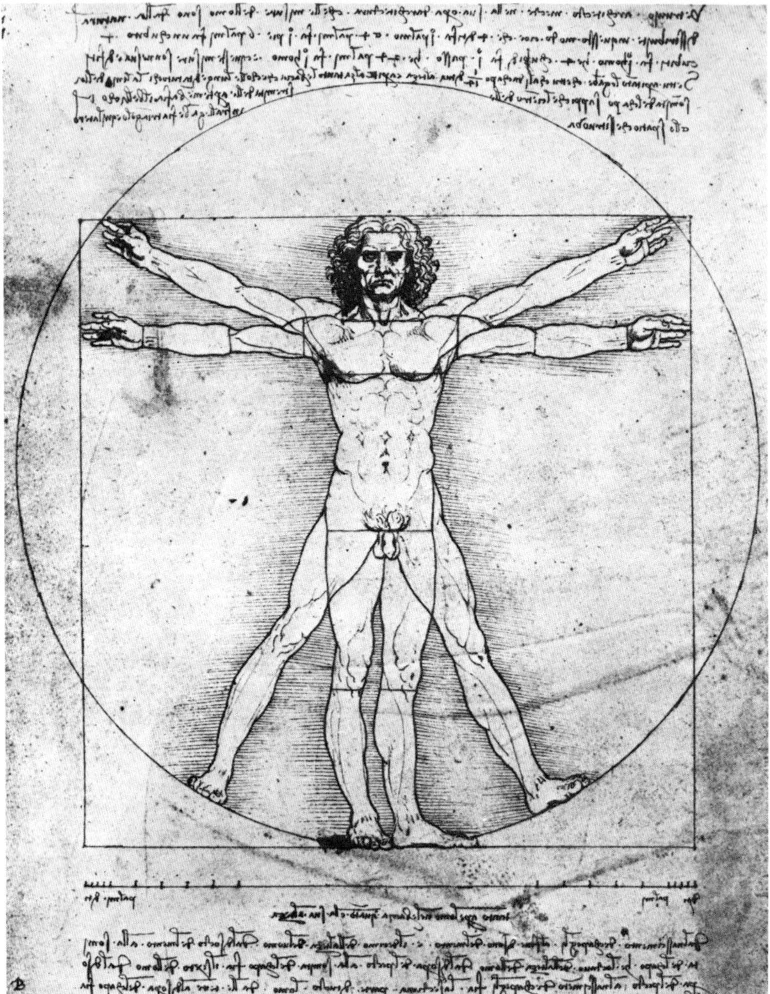

58 Leonardo da Vinci, »Die Proportionen des menschlichen Körpers«, nach Vitruv, um 1492. Federzeichnung. Venedig, Academia. Fritz Saxls »Lectures«, 1957, zufolge kein »Mikrokosmos-Bild« im mittelalterlich-dogmatischen Sinn, sondern ein Dokument sorgfältiger Meßexperimente

ihre Abwendung von der Naturphilosophie war nur die Kehrseite einer sich gleichzeitig verstärkenden Rückwendung zu ganzheitlichen kosmologisch-religiösen Leitbildern. Solche Rückwendungen oder Rückbezüge artikulierten sich in reinen Wortbildanwendungen, zum Beispiel in Hermann Lotzes dreibändiger Anthropologie mit dem bezeichnenden Titel »Mikrokosmos« (1868), oder in sinngemäß aufgebauten Weltbildern, zum Beispiel fernöstlich-indisch eingekleidet im »Zend Avesta« (1851) Gustav Theodor Fechners, des Mitbegründers der experimentellen Psychologie. Diese Strömung fand im 20. Jahrhundert ihre typische Fortsetzung zum Beispiel in Ludwig Klages »Kosmogonie« oder im »Untergang des Abendlandes« (1917) von Oswald Spengler, der »Mikrokosmos« und »Makrokosmos« als Anschauungskategorien und Kapitelüberschriften für seine »Morphologie der Weltgeschichte« benutzte und behandelte. – Vor allem Spenglers Untergangsvisionen markieren jenes geisteswissenschaftlich »gefaßte« Anschauungsmilieu tiefgreifender Verunsicherung, aus dem auch die zur symbolischen Form erhobene Weltanschauung der Warburgianer samt Wahrzeichen hervorging.

Eine beachtliche Reichweite von ideen- und bildgeschichtlichen Zusammenhängen, die weit über das proklamierte Ende der kosmischen Sklaverei in der Renaissance hinausreichen, scheint sich mit dieser Verlängerung zu den verunsicherten und kulturpessimistischen Anschauungen der ersten Welt- und Nachkriegszeit anzubieten – und nach erklärenden oder wenigstens sinnvoll beschreibenden Anordnungsmustern zu verlangen: Ließen sich hier, trotz formaler Metamorphosen und inhaltlicher Inversionen, durchlaufende Fäden von Traditionsvermittlung freilegen, oder waren andere Reproduktionsvorgänge für das immer erneute Auftauchen irgendwie verwandter Denkfiguren und Darstellungsschemata verantwortlich?

Warburgs pathologische »Wiedergeburtsgeschichte« meschlicher Ausdruckssuperlative (Pathosformeln) und Cassirers subjektiv erkenntnisgeschichtlich angelegte »Philosophie der symbolischen Formen« wurden – wie andere kulturhistorische Schriften und »Weltbilder« – in ihrer allgemeineren Wirkung von einer Theorie überflügelt und in den Schatten gestellt, die versprach, im Grunde ohne Geschichte auszukommen: »Wir müssen heutzutage von der

59 »Der Mensch und seine Symbole«. Buchumschlag einer Kollektiv-Arbeit C. G. Jungs und einiger seiner Schüler und Anhänger, London 1964, mit einem Tibetanischen Mandala als universellem Sinnbild

Hypothese ausgehen, daß der Mensch insofern keine Ausnahme unter den Geschöpfen darstellt, als er unter allen Umständen, wie jedes Tier, eine präformierte artgemäße Psyche besitzt ...«, liest man in Carl Gustav Jungs Studien über »Die Archetypen und das kollektive Unbewußte« (Band 9/I, Kap. IV, 1 der Gesamtausgabe, 1976), einer Sammlung von Texten, die zwischen 1933 und 1955 entstanden. »Wir haben keinerlei Grund zur Annahme, daß es gewisse menschliche Tätigkeiten – Funktionen – gibt, welche von dieser Regel auszunehmen wären.« Im Sinn hatte C. G. Jung Funktionsformen der Psyche, die er zugleich auch als *Bilder* verstand: » ›Bild‹ drückt nicht nur die Form der auszuübenden Tätigkeit, sondern auch zugleich die typische Situation aus, in welcher die Tätigkeit ausgelöst wird«, fährt die zitierte Textpassage fort. »Diese Bilder sind insofern ›Urbilder‹, als sie der Gattung schlechthin eigentümlich sind: und wenn sie überhaupt je ›entstanden‹ sind, so fällt ihre Entstehung zum mindesten mit dem Beginn der Gattung [Mensch] zusammen ... Die Annahme, daß sie nicht vererbt sei[en], sondern in jedem Menschen neu entstehe[n], wäre ebenso unsinnig wie die primitive Auffassung, daß die Sonne, die am

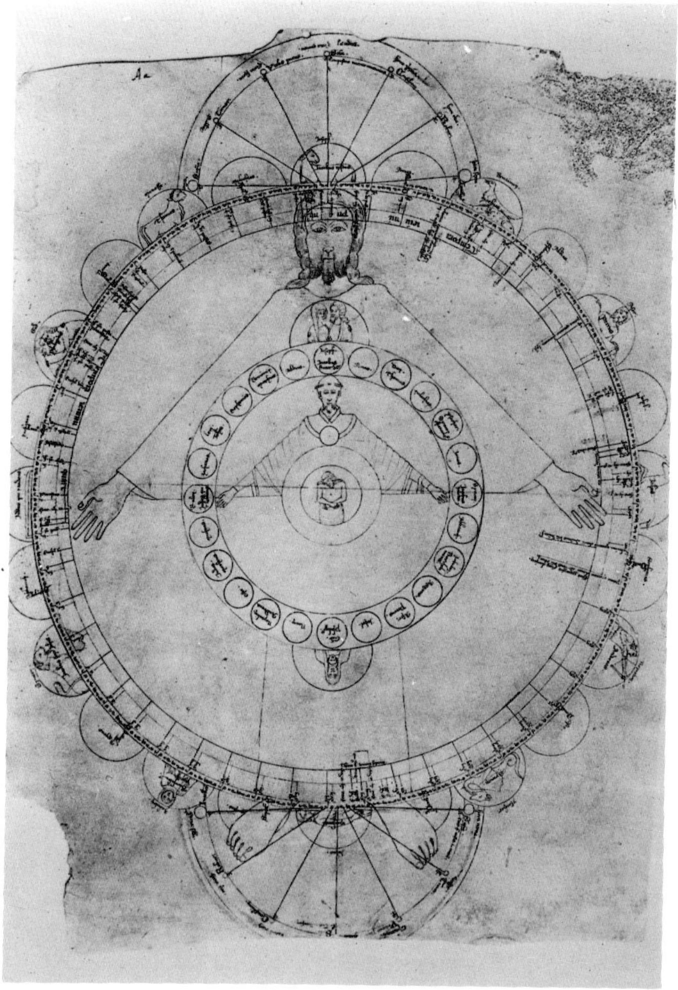

60 Rom, Vatikanische Bibliothek, Pal. lat. 1993 T. 48. Federzeichnung. Nach: Richard Salomon, »Opicinus de Canistris – Weltbild und Bekenntnisse eines avignonesischen Klerikers des 14. Jahrhunderts«, in: »Studies of the Warburg Institute«, 1936

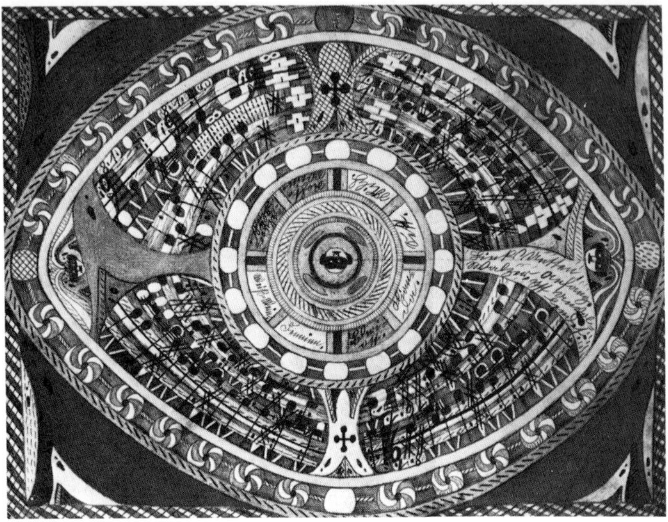
61 Adolf Wölfli (1864–1930), »Skt. Adolf Kuss, Riesen-Fonttaine«. 1917. Nach: Alfred Bader/Leo Navratil, »Zwischen Wahn und Wirklichkeit. Kunst – Psychose – Kreativität«, Luzern 1976

Morgen aufgeht, eine andere sei als jene, die am Abend zuvor unterging.«

Die historische Ausprägung jeglicher Bildgestalt ergab sich der Archetypenlehre Jungs zufolge nur als sekundäre – nachträgliche »Individuation«: »Der Archetypus ist ein an sich leeres, formales Element, das nichts anderes ist als eine ... a priori gegebene Möglichkeit der Vorstellungsform. Vererbt werden nicht die Vorstellungen, sondern die Formen, welche in dieser Hinsicht genau den ebenfalls formal bestimmten Instinkten entsprechen.« In solcher Sicht fiel der Gegensatz zwischen Ausgeburten des Seeleninneren und äußeren, historisch übermittelten, konventionellen Bildtypen im Wesentlichen in sich zusammen: Nach Jungs Vorstellung vom kollektiven Unbewußten waren alle historischen Bilderfolgen nur Abwandlungen archetypischer Symbole oder – in kunsthistorischer Anwendung – »Rahmenthemen« der Bilderfindung. Vor allem das kreis- oder eiförmige, mandala-artige Ganzheitssymbol war dieser Auffassung entsprechend ein ständig verwandelt wiederkehrendes optisches Grundmuster zur Artikulation verdrängter, sublimierter oder ersehnter Einheit von Mutter und Kind, Mann und Frau, Mensch und Welt, Ich und Gott etc., das immer wieder magisch-beschwörend aufgezeichnet wurde. Tatsächlich kann man in diesem Sinn eindrucksvolle Bildreihen zusammenstellen, die nicht nur Erzeugnisse von Normalbürgern und angeblichen Genies, sondern auch von sogenannten Primitiven, Kindern und Geisteskranken einschließen: Die Dreifaltigkeits- und Kosmos-Visionen der mittelalterlichen »Prophetin« Hildegard in der Wiesbadener SCIVIAS-Handschrift, die zum Teil elementare Rundformen zeigen (vgl. Abb. 20, 21), lassen sich ihrer geometrischen Gestalt wie ihrem Gehalt nach nicht nur mit kanonisch-sakralen Darstellungen vergleichen, sondern eben auch mit »verrückten«: von den enigmatischen Schemata des schizophrenen Klerikers Opicinus de Canistris (15. Jh.) bis hin zu den Malereien Adolf Wölflis (Abb. 60, 61).

4 Beliebige Dimensionen im Kopf: Die Zerebralisierung der Vorstellungswelten – Kein Abschied von Himmeln und Höllen in »Science-Fiction« und in Wirklichkeit

»Nie gebrach es der Menschheit an kräftigen Bildern, welche magischen Schutz verliehen gegen das unheimlich Lebendige der Seelentiefe«, schrieb C. G. Jung 1933 »Über die Archetypen des kollektiven Unbewußten« (Band 9/I, Kap. I der Gesamtausgabe). »Immer waren die Gestalten des Unbewußten durch schützende und heilende Bilder ausgedrückt und damit hinausgewiesen in den kosmischen, außerseelischen Raum. Der Bildersturm der Reformation hat aber wortwörtlich eine Bresche in den Schutzwall der heiligen Bilder geschlagen, und seitdem bröckelte eines nach dem anderen ab. Sie wurden mißlich, denn sie kollidierten mit der erwachenden Vernunft.« – In der Zerstörung schutzgewährender Bilder sah Jung eine Zivilisationskrankheit »chronischen« Ausmaßes: »Die Götter von Hellas und Rom gingen an der gleichen Krankheit zugrunde wie unsere christlichen Symbole: damals wie heute entdeckten die Menschen, daß sie sich nichts darunter gedacht hatten. Die Götter der Fremden hingegen hatten noch unverbrauchtes Mana. Ihre Namen waren seltsam und unverständlich und ihre Taten ahnungsreich dunkel, ganz anders als die ausgeleierte chronique scandaleuse des Olymp.«

Anders als in Warburgs mühsam errungenen »Denkräumen der Besonnenheit«, die ein Loskommen von triebhaften Affekthandlungen erst ermöglichten, führte für C. G. Jung der Aufstieg des Intellekts zur beherrschenden Bewußtseinsform zum abendländischen Sündenfall: »Wohl sind wir die rechtmäßigen Erben der christlichen Symbolik, aber dieses Erbe haben wir irgendwie vertan. Wir haben das Haus zerfallen lassen, das unsere Väter gebaut, und versuchen nun, in orientalische Paläste einzubrechen, die unsere Väter nie kannten. Wer die historischen Symbole verloren hat und sich mit ›Ersatz‹ nicht begnügen kann, ist heute allerdings in einer schwierigen Lage: vor ihm gähnt das Nichts, vor dem man sich mit Angst abwendet. Schlimmer noch: das Vakuum füllt sich mit absurden politischen und sozialen Ideen, die sich allesamt durch geistige Öde auszeichnen ... Unser Intellekt hat Ungeheures geleistet, derweilen unser geistliches Haus zerfallen ist. Wir sind gründlichst davon überzeugt, daß man auch mit dem neuesten und größten Reflektor, der in Amerika gebaut wird, hinter den fernsten Sternnebeln kein Empyreum (äußerster feuriger Himmelsrand in antiken und mittelalterlichen Weltbildern) entdecken wird, und wir wissen, daß unser Blick verzweifelt durch die tote Leere unermeßlicher Erstreckungen irren wird. Und es wird nicht besser, wenn uns die Welt des unendlich Kleinen durch die mathematische Physik enthüllt wird. Schließlich graben wir die Weisheiten aller Zeiten und Völker aus und finden, daß alles Teuerste und Kostbarste schon längst in schönster Sprache gesagt ist. Man streckt wie begehrliche Kinder die Hände danach und meint, wenn man es greife, so habe man es auch. Aber was man hat, gilt nicht mehr, und die Hände werden müde vom Greifen, denn Reichtum liegt überall, so weit der

Blick sich breitet. All dieser Besitz wird zu Wasser, und mehr als ein Zauberlehrling ist in diesen selbst gerufenen Gewässern schließlich ertrunken ...« – Eine ausdrucksvoll-elegische Beschreibung jener geheimen Ängste des modernen Kopfmenschen vor Anschauungsverunsicherung und Gedächtnisverlust, die hier allerdings zur emotionalen Untermauerung einer tiefenpsychologischen Urteilsverkündung gegen die Rationalität diente.

Über den allenthalben bereitliegenden Reichtum der Bilder und Ausdrucksformen hatte Jung selbst den Blick in seinen imponierend umfangreichen Studien schweifen lassen: Selbstverständlich, daß auch die Visionen der rheinischen Äbtissin, vertreten durch den Luccheser Kodex, in dieser Wesensschau der Archetypen und Symbole, die 10000 Jahre Kulturgeschichte sozusagen global mit einem Blick erfaßte, neben altägyptischen und mexikanischen Darstellungen, zwischen mittelalterlichen Illustrationen aus alchemistisch-magischen Traktaten und moderneren optischen »Individuationen« des kollektiven Unbewußten zu finden waren (im Band XII der gesammelten Werke als Bildbeigabe des 5. Abschnitts der Untersuchungen über »Die Erlösungsvorstellungen in der Alchemie« [1944]) – in einem Panoptikum inhaltlich, aber auch formal verwandter Gestalten und Gestaltungen, die Jung oft kommentarlos als begleitendes »Hintergrundsmuster« seinen Einzeluntersuchungen beifügte. Zwar wurden weder die Mikrokosmos-Denkfigur noch die kosmische Träger-Gestalt der Luccheser Miniatur von ihm einer besonderen Betrachtung gewürdigt, aber sein archetypisch-gepolter »Bilderatlas« vermittelte assoziativ Zusammenhänge, die einer rein ikonographischen oder ideengeschichtlichen Sehweise fern lagen.

Daß etwa der geflügelte Doppelkopf in der Anfangsvision des »Buches der göttlichen Operationen« mit den androgynen Mischwesen alchemistischer Imagination – geflügelten Hermaphroditen, Symbolfiguren seelisch-elementenhafter Gegensatzvereinigung (Abb. 62) – zu tun haben sollte, könnte normalen, auf feinste Bildunterschiede abgerichteten Kunsthistorikern wohl kaum so ohne weiteres in den Sinn kommen. Den unverzeihlichen Frevel wider den Geist der Zunft, »schlechte« ikonographische Reihen zusammenzustellen, hatte bereits Warburg begangen, indem er antikische Pathos-Formeln bis zur Unkenntlichkeit in modernen

62 Der alchemistische Hermaphrodit mit Doppelkopf, verschiedenfarbigen Flügeln, mit Elementen-Ei und Spiegel in Händen vor der Weltlandschaft. Miniatur aus einer »Splendor-Solis«-Handschrift des Berliner Kupferstichkabinetts, Cod. 78 D 3, um 1530. Nach: Ploss/Roosen-Runge / Schipperges / Buntz, »Alchimia – Ideologie und Technologie«, 1970

Reklame-Bildern und Photos verfolgte; und so wie Jung auch noch die stil- oder ideengeschichtlichen Infektionsverläufe über Bord zu werfen und an ihre Stelle archetypische Erzeugungsprinzipien zu setzen, hieß, die Historie – das universale Triebwerk in den Gedankengebäuden des 19. Jahrhunderts – wieder zur zweitrangigen, nur nachträglich hinzutretenden Verwirklichungsinstanz zu degradieren. Aber gerade in der Enthistorisierung lag die einzige Hoffnung der »idealistischen« Geisteswissenschaften, den Kosmos der historisch schon verlorenen Bilder und Symbole noch einmal zu retten – in die Köpfe und Kopfgeburten jener »vor dem Nichts« stehenden Abendländer, die nun an die Stelle religiöser Geborgenheit nur noch die tiefere (tiefenpsychologische) Einsicht zu setzen hatten.

Daß »Die Mythologie der entgötterten Welt« (so der Titel einer literarischen Untersuchung K. S. Guthkes, 1971), die C. G. Jung im bedrohlichen Aufleben einst gebannter Seelenmächte – zum Beispiel in den UFO-Hysterien – ihre unheilvollen Zeichen entfalten sah, schließlich nicht in den leeren äußeren Himmeln ihre Erklärungsgründe zu suchen hatte, sondern im Inneren der Schädel, die auf so wunderbare Weise die ganze Welt in sich aufzunehmen vermochten, war mit einer weiteren Umstrukturierung des Mikrokosmos-Denkmodells ins allgemeine Bewußtsein getreten: Anstelle zodiakumringter Kosmos-Menschen und Adlerlaß-Männchen, die mit dem ganzen Körper Glied für Glied zum Himmel in Beziehung standen, erschien im 19. Jahrhundert mit den Erkenntnissen der Gehirnforschung ein neuartiges Mikrokosmos-Schema, das die Kunst- und Wunderkammern der Psyche nun nach Orten der Repräsentation im Kopf anschaulich einrichtete (Abb. 63). Offensichtlich, daß diese zerebralisierte Denkfigur, die in Arcimboldesken Porträts (Abb. 64 a und b) ihre typischen Vorläufer hatte, ikonographische Grenzen übersprang; aber ebenso offensichtlich, daß der Mikrokosmos im Kopf ein sinn- und zeitgemäßer Ableger des älteren Schemas war.

Der »Abschied von Höllen und Himmeln« (so der Titel eines Buchs von Friedrich Heer, 1970) althergebrachter Art hatte sich auf dem Wege einer generellen Verinnerlichung ergeben, die hinter der Stirn, in der Tiefe der Augen und »im Herzen« wiederentdeckte, was äußerlich verlorengegangen war – die Orte der Seeligkeit und

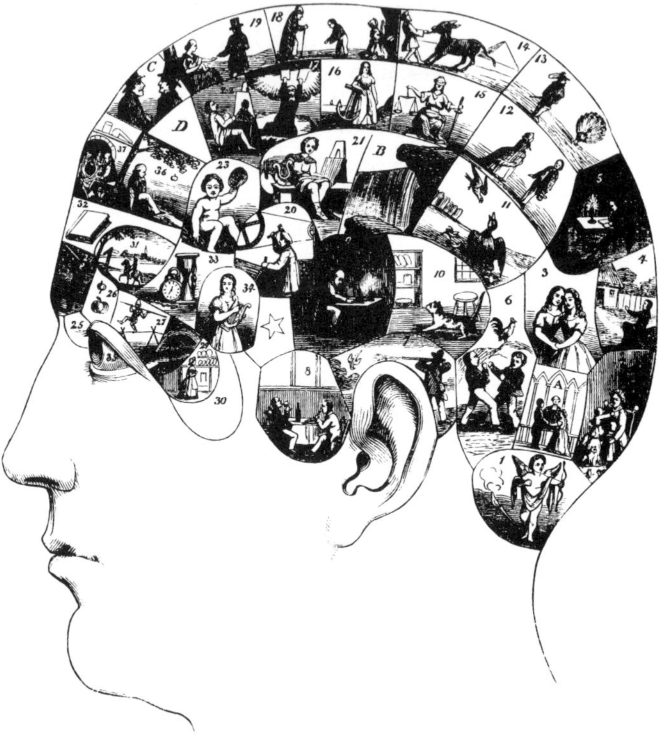

63 Die Welt im Kopf. Eine bildliche Ausgestaltung zeitgenössischer Gehirnforschungsergebnisse. Aus: W. F. A. Zimmermann, » Der Mensch, die Räthsel und Wunder seiner Natur, Ursprung und Urgeschichte seines Geschlechts sowie dessen Entwickelung vom Naturzustande zur Zivilisation«, 1868 (5)

Verdammnis. Selbsterkenntnis als Mittel der Naturerkenntnis hatte über die logisch-physiologischen Erklärungsschwierigkeiten der Sinneserfahrungen, die im »englischen Sensualismus« (Hume, Locke, Berkeley) zum philosophischen Angelpunkt neuzeitlicher Erkenntnistheorie avancierten, jenen »psycho-physischen Parallelismus« von Außenwelt und Innenwelt als Denkfigur vorbereitet, der im späten 19. Jahrhundert als regelrechte Beschwörungsformel gegen die Wirklichkeitsverlustängste in aller Munde war. – Schon in der Malerei der deutschen Romantik wurden die Landschaften der Welt erklärtermaßen zum Abbild der inneren Welten der Empfindung: »Wie ... die angeschlagene Saite eine zweite, ihr gleichnamige, wenn auch höhere oder tiefere, mit in Schwingungen versetzt, so müssen auch in Natur und Gemüt die verwandten Regungen sich hervorrufen, und auch hierin erscheint wieder die Individualität des Menschen als untrennbarer Teil eines höheren Ganzen«, schrieb der Arzt und Amateurmaler Carl Gustav Carus – als Schüler und Freund Caspar David Friedrichs dessen bester Interpret – in seinen »Neun Briefen über Landschaftsmalerei« (1815 bis 1824); und aus solch mikrokosmischer Resonanz-Auffassung ergab sich folgerichtig »die Hauptaufgabe landschaftlicher Kunst«: »Darstellung einer gewissen Stimmung des Gemütslebens durch die Nachbildung einer entsprechenden Stimmung des Naturlebens«, die Carus und Friedrich immer wieder mit einsamen Spaziergängern und nachdenklichen Naturbetrachtern malerisch in Szene setzten (Abb. 65).

64 a und b
Aus dem, was der Mensch im Sinn hat, seine geistige Physiognomie zu konstruieren, geht als Bildidee in erster Linie auf den Maler Giuseppe Arcimboldi (1527–1593) zurück. Seine Porträts des »Bibliothekars« (a) oder des »Herodes« etwa haben dieses Prinzip ins Bewußtsein der Nachwelt übertragen

a

b

65 Durch Wiedergabe einer Naturstimmung eine entsprechende Stimmung des inneren Gemütslebens darzustellen, war nach Carl Gustav Carus eine »Hauptaufgabe der Landschaftsmalerei«, die sein Lehrer Caspar David Friedrich lebenslang im Sinn hatte – zum Beispiel mit dem Gemälde »Wanderer über dem Nebelmeer«, 1818. Hamburg, Kunsthalle

66 a

66 a und b
Innere religiöse Erweckung durch kalendarisch-kosmologisch verschlüsselte Sinnbilder war das erklärte Ziel des »anderen« Malers der deutschen Romantik, Philipp Otto Runge, wie vor allem sein Tageszeiten-Zyklus belegt: hier der »Kleine Morgen«, 1808. Hamburg, Kunsthalle

66b

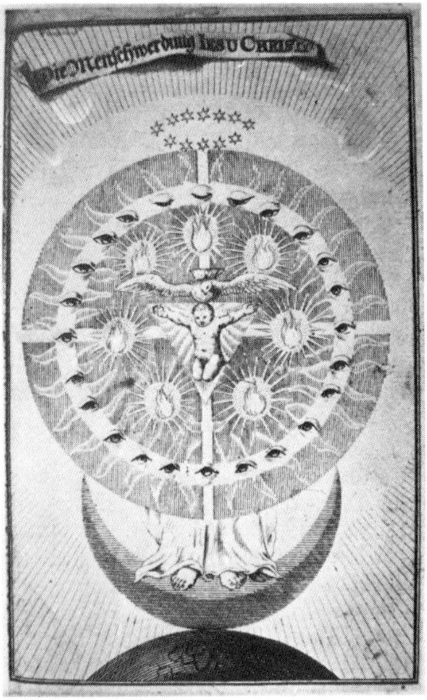

67 »Die Menschwerdung Jesu Christi«. Hinter der feurigen Aureole eine nur teilweise sichtbare Trägergestalt auf der Mondsichel. Stich in der Ausgabe »Aller Theosophischen Schriften« des Mystikers Jakob Böhme, 1682

In den Gemälden des »anderen« Malers der deutschen Romantik, Philipp Otto Runge, vor allem in seiner Vier-Tageszeiten-Serie, die den Landschaften C. D. Friedrichs äußerlich so wenig glichen, waren die wiederkehrenden Zyklen der Natur verschlüsselt zum Symbol einer inneren religiösen Erweckung und Erneuerung, wie sie schon in den kalendarisch-kosmologischen Weltdarstellungen seit der Antike angelegt war; und im ersten Bild, dem »Morgen« (Abb. 66a), wurden auch direkte Traditionszusammenhänge des bildlichen Denkens greifbar – unter anderem zur Bildwelt der rheinischen Seherin: Runge kannte illustrierte Werkausgaben (Abb. 67) des von Hegel sehr bewunderten philosophierenden Schusters Jakob Böhme, von dem Ernst Bloch sagte, er hätte ein Mensch des 4./5. Jahrhunderts sein können. Auf diesem Wege wurden in Wort und Bild auch ikonographische Muster der »qualitativen« mittelalterlichen Vorstellungswelt weitergereicht und nun dem rational-»quantifizierten« Weltbild der Aufklärung, dem Welt-

68 Der Kopf als Eingang zur Unterwelt: »Hell's Cartographers«. Buchtitel einer Sammlung von Selbstdarstellungen bekannter Science-Fiction-Autoren, herausgegeben von Brian Aldiss und Harry Harrison, 1975

69 Der unheilschwangere Schädel: »Fantasy Fiction«. Titelblatt der ersten Nummer, März 1953. Nach: Peter Haining, »Terror – A history of horror illustrations from the pulp magazines«, 1976

mechanismus des göttlichen Uhrmachers, entgegengestellt – und im besonderen fand hier die »höchste und feurige Lebenskraft« der mittelalterlichen »Prophetin« eine Nachfolgerin in Runges Lichtgestalt der morgendlichen Venus-Aurora (Abb. 66b).

Aus der Perspektive jener »Neoromantik«, die manche Kulturkritiker derzeit bereits in vollem Gange sehen, war die romantische »Verinnerlichung« der Naturwelt jedoch nur ein vorbereitender Schritt auf den Wegen, die heutige »Kartographen der Hölle« – so ein bezeichnender Buchtitel aus der zukunftsträchtigen Literaturgattung »Science-Fiction« mit tiefsinnigem Treppenhaus im Kopf (Abb. 68) – nicht nur im Inneren von normalen Bürgerschädeln und PSI-begabten Superhirnen, sondern über interstellare Entfernungen in den neuen außerirdischen Irrgärten und Paradiesen der raumfahrtbeflügelten Phantasie schon zurückgelegt haben.

5 Moderne Apokalypse und Erlösungsträume: Die neue Mystik der »Selbstorganisation« und die »Theologie der schwarzen Löcher«

»Die neue Gnosis, die eine Synthese aus so unterschiedlichen Denkansätzen ist wie jenen, die man auf dem Campus und in den Hippiekommunen von Berkeley und Columbia antrifft, [und] denen der Astrophysiker von Mount Palomar und Mount Wilson und denen der Physiker von Princeton; eine Denkrichtung, die inzwischen eine große Zahl von Biologen und Medizinern, sowie neuerdings eine wachsende Zahl von Theologen und Geistlichen in ihren Bann gezogen hat, und die sich seit etwa zwei Jahren in zunehmendem Maß auch außerhalb der Vereinigten Staaten auszubreiten beginnt – diese neue Gnosis, so meine ich«, schrieb 1977 (deutsche Ausgabe 1979) der französische Kernphysiker Jean E. Charon im Vorwort seines Buches über den »Geist der Materie«, »ist es wert, ernst genommen und untersucht zu werden.« Was

70 a und b
Optimistische und pessimistische Perspektiven im Zeitalter der ökonomisch-ökologischen Götterdämmerung: eine dem Wachstum verschriebene Reklame der Pharma-Industrie aus dem Jahr 1978 (a); Roland Topors Vision des abfallproduzierenden Konsum-Menschen (b); aus: Roland Topor, »Dessins«, Paris 1968

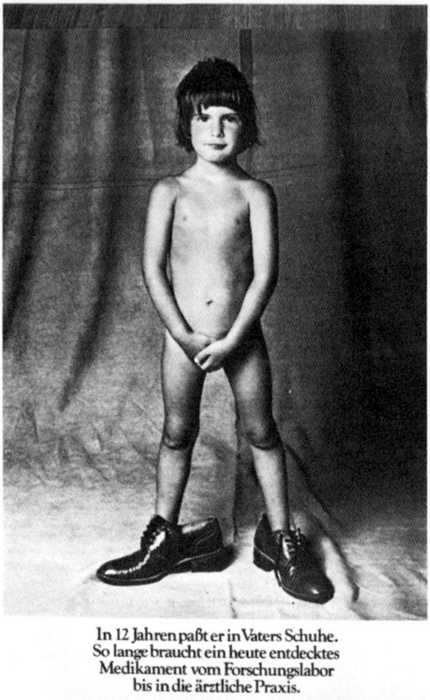

a

b

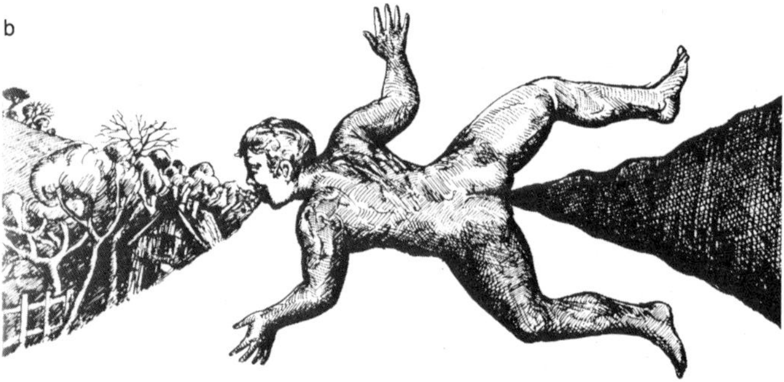

Charon als »neognostische Physik« bezeichnete, war allem Anschein nach um das Jahr 1970 als »Bewegung« in Princeton und Pasadena entstanden und hatte sich wie eine Epidemie in Intellektuellenkreisen verbreitet. Charon – selbst erklärter Anhänger dieser Bewegung – ging es in seinem allgemeinverständlich gehaltenen

Buch um die Aspekte und Konsequenzen seiner fachlichen Arbeit, die ihn veranlaßt hatte, »um eine vollständige und befriedigende Erklärung für Struktur und Eigenschaften gewisser Elementarteilchen geben zu können, neben der Raum-Zeit der Materie ein Raum-Zeit-Gefüge besonderer Art einzuführen, das alle charakteristischen Merkmale *des Geistigen* aufwies.«

Kurzgefaßt lief Charons »neognostische Kernphysik« auf die These hinaus, daß eine bestimmte Teilchensorte, die Elektronen, ähnlich »schwarzen Löchern« in sich vollkommen abgeschlossene Mikrokosmen mit abweichender Raum-Zeit-Struktur seien, die allerdings fähig wären, Informationen ihrer eigenen »Lebensgeschichte« durch »virtuelle« Wechselwirkung mit ihrer Umwelt zu speichern und so mit Gedächtnis begabt den Makrokosmos zu immer höheren Ordnungs- und Bewußtseinsgraden und schließlich in einen »Zustand vollkommener Geistigkeit« zu überführen. Die Intelligenz-Leistungen des Menschen waren so gesehen nur ein Aspekt seiner »elektronischen« Kapazitäten: »Mein Denken *ist* das Denken meiner Elektronen, es liegt also nicht bloß Analogie [zwischen den elementaren Denkprozessen, wie wir sie im Elektron finden, und dem menschlichen Denken], sondern Identität vor.« Das Denken des bewußten Ichs aber stellte Charons phantastischer Theorie zufolge nur eine winzige »Untereinheit« jenes Informationsumfangs dar, über den die Elektronen des menschlichen Körpers verfügten, und der jedes einzelne Partikel – von Hunderten von Milliarden in jeder Körperzelle – mühelos zum vollständigen Informationsträger des »großen Ichs« befähigte. Und indem die Myriaden von »unsterblichen« Elektronen das große »sterbliche« Wesen, dem sie vorübergehend angehörten, individuell erinnerten, waren auch dessen Ängste und Sehnsüchte in ihnen aufgehoben – und damit einer neuen, buchstäblich allumfassenden, parapsychologischen Mystik der Weg gewiesen.

Charons Psychismus der Elektronen steht in einer Denk- und Anschauungstradition, die sich – über Ernst Haeckels »Zellseelen«-Lehre und die Entdeckung der modernen Biologie, daß die Körper höherer Lebewesen tatsächlich »Staaten« von Einzellern sind – auf eine »soziale« Spielart des Mikrokosmos-Schemas zurückführen läßt. Seit der Zeit der klassischen Antike war der staatspolitische

»Anthropomorphismus«, das heißt, die Gleichsetzung des Staates mit einem Körper, geläufig; nicht nur politisierende Philosophen waren gewohnt, anatomische Vergleiche zu ziehen, auch Mediziner hatten die Angewohnheit, den Körperbau in sozialen und politischen Begriffen zu beschreiben, wie man zum Beispiel in der Studie Leonard Barkans über den »Menschlichen Körper als (Ab-)Bild der Welt« (Nature's Work of Art) von 1975 nachlesen kann: Vom *corpus mysticum* der christlichen Gemeinde, den der Apostel Paulus im ersten Korinther-Brief beschwor, bis zum *corpus politicum*, den der englische Staatsmann Thomas Hobbes Mitte des 17. Jahrhunderts – mit dem Titelbild seines »Leviathan« (Abb. 71) – präsentierte, war die Metapher des Staats- oder Weltorganismus als subordinatives, herrschaftserhaltendes Organisationsprinzip eingesetzt worden, von den sozialdarwinistischen Herrschaftsideologien des 19. und 20. Jahrhunderts ganz zu schweigen. Daß der Einzelne als Glied der Gemeinschaft gewissermaßen ihr Bild in sich trägt, ließ sich also folgerichtig vom Staatsbürger auf die Zelle und schließlich auf das Elektron übertragen.

Die »neognostische Physik« des französischen Naturforschers, der auch mit seinem Namen so jenseitige Assoziationen weckt, ist in ihrer Mischung von esoterischer Wissenschaft und Spekulation typisch für jene phantastischen Vorstellungsbereiche, in denen sich gegenwärtig theoretische Physik und Science-Fiction den Rang streitig machen. In diesen »alchemistischen« Gedanken-Laboratorien entwickeln sich mit den kosmologischen Urknall- und Kollaps-Theorien, die aus dem »steady-state« der klassischen Physik ohne Anfang und Ende, Schritt für Schritt wieder ein »historisches« Weltbild, ein »violent universe« hervortreten ließen, nicht nur neue, quasi-religiöse Verständnishintergründe für die menschlich-irdischen Geschichtswissenschaften, sondern auch neuartige Vermittlungsebenen für jene Generationen, die mit »Perry Rhodan« und »Raumschiff Enterprise«, »Starwars« und »Begegnungen der dritten Art« aufwachsen. Zumindest die trivialisierten Massenmedien reagieren offensichtlich auf eine epidemische Illusionsbereitschaft und imaginäre Fluchtwünsche, die nun in der auch physikalisch legitimierten, kosmischen Wunderwelt der schwarzen Sonnen, Parallel-Universen, Zeitreisen und übernatürlichen Fähigkeiten bis hin zu

71 Titelbild der englischen Ausgabe des »Leviathan« von Thomas Hobbes, 1750, das den Leib des Herrschers, das heißt des Staates, aus seinen Untertanen zusammengesetzt zeigt

72 a und b
Kraft-Wunschträume in den Massenmedien: »Superman« als fesselnsprengender Kosmos-Mensch (b); nach: E. Nelson Bridwell, »Superman from the thirties to the seventies«, 1971; der vergottete Kraftprotz: »... I'm not a priest man; I'm GOD!« (a); nach: Mark James Estren, »A History of Underground Comics«, 1974

gottgleichen Schöpfungen und Straftaten ihren irrationalen Auslauf finden. Insbesondere im Thema der makrokosmischen Superwesen – zum Beispiel der verständigungsbereiten »schwarzen Wolke« aus der Feder des englischen Astrophysikers Fred Hoyle oder Stanislaw Lems schweigsamem »solarischem Ozean« – regenerieren sich anthropomorphe Vorstellungsmuster mit wissenschaftlichem Wahrscheinlichkeitsanspruch; pubertär-übermenschlich, kritisch-ironisch oder in meditativ-mystischer Verklärung, aber jedenfalls im Einklang mit einer Naturwissenschaft, die im »Kleinen« wie im »Großen« gleichermaßen den »festen Boden« unter den Füßen

THE AMAZING NEW ADVENTURES OF
APPROVED BY THE COMICS CODE AUTHORITY
DC SUPERMAN
SUPERMAN
JAN.
NO. 233
15¢
NUMBER 1
BEST-SELLING COMICS MAGAZINE!
KRYPTONITE NEVERMORE!

72b

verloren hat – schließlich feiert im physikalischen Rätsel des feurigen Urbeginns, wie die heutigen Kosmologen immer wieder fasziniert feststellen, ja sogar das seit Newton totgesagte »Es werde Licht« seine wissenschaftliche Auferstehung.

»Die Selbstorganisation des Universums vom Urknall zum menschlichen Geist« – so der bezeichnende Titel eines 1979 erschienenen Buches des Wiener »Allround«-Astrophysikers Erich Jantsch – scheint als griffiges Stichwort-Ensemble nicht nur die gegenwärtig gängigen Probleme einer weltanschaulichen Wiedervereinigung der Naturwissenschaften, sondern auch Trostworte für den im Wohlstand verunsicherten Teil der Menschheit zu formulieren. »Leben schafft sich in der Tat seine Bedingungen zu einem guten Teil selbst«; in solchen Kernsätzen kulminiert diese Philosophie der »Ungleichgewichtsverhältnisse« und sich-selbst-erzeugenden (autopoietischen) Strukturen, die in der Selbsttranszendenz, der Selbstüberschreitung evolutionärer Prozesse, ihr vorläufig noch ungelöstes Mysterium präsentierte: »... intuitive Vergegenwärtigung der Evolution als ganzheitliches Phänomen, dieses Wissen um das Eingebettetsein des eigenen Lebens in eine umfassende Entfaltung schafft eine Art vorreligiöser Durchdrungenheit«, meinte Jantsch in seinem Kapitel über »Selbstorganisation, Kunstwerk und Kunsterlebnis«, in dem er die kreativen Zustände der Ekstase und Meditation in westlichen und östlichen Kulturkreisen erörterte. Aber selbstverständlich waren auch die prosaischeren Formen der sozialen, ökonomischen und politischen Kreativität Gegenstand der Betrachtung: » ... Verbundenheit unserer eigenen Lebensprozesse mit der Dynamik des allumfassenden Universums war bisher nur mystischem Erleben zugänglich. In der neuen Synthese wird sie Teil der Wissenschaft, die sich dadurch selbst dem Leben näher verbindet.« Im allgemeinen definierte sich diese neue synthetische Wissenschaft von der Selbsterzeugung als genereller Verinnerlichungsprozeß: »Mit der Evolution des selbstreflexiven Geistes trägt der Mensch die sozialen und kulturellen Dimensionen, also die geistigen Strukturen der Makrowelt, in sich ... Die Emanzipation der geistigen Realität – das heißt der Innenwelt – macht Zukunftsvisionen und Pläne für die Gegenwart wirksam. In gewissem Sinne konzentriert sich das ganze Universum in zunehmendem Maße im

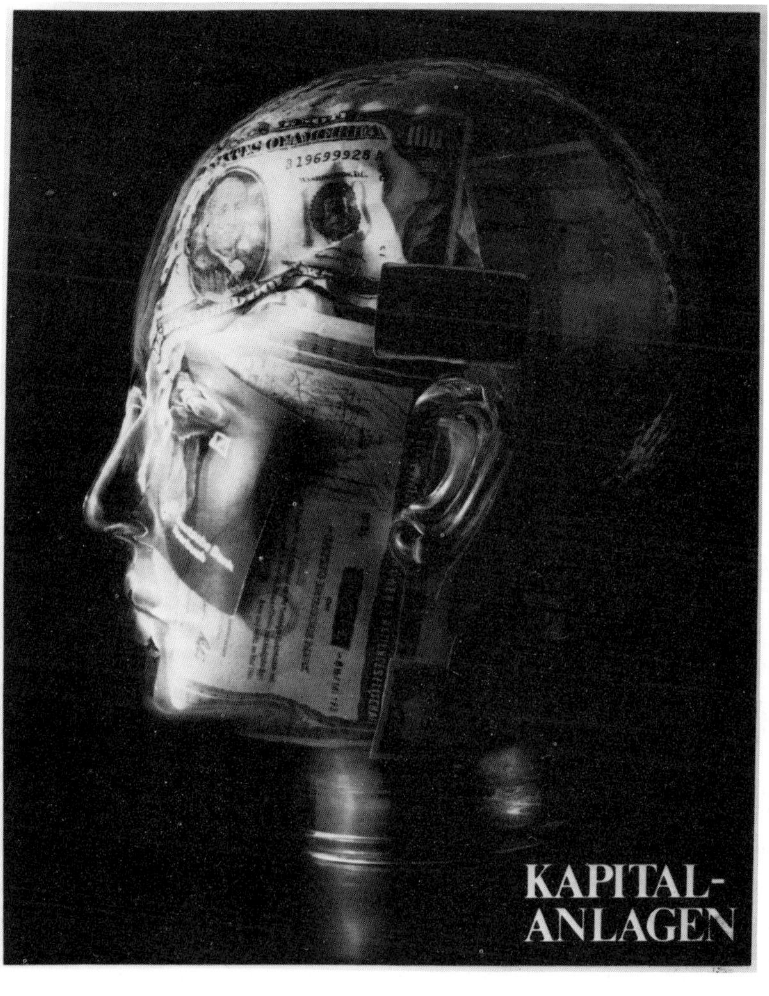

73 Nichts anderes als »Kapitalanlagen« im Kopf. Eine »durchsichtige« Fortsetzung arcimboldesker Charakterisierungsformen auf der Titelseite des »Welt-Report«, Journal der Tageszeitung »Die Welt«, 14. 11. 1979

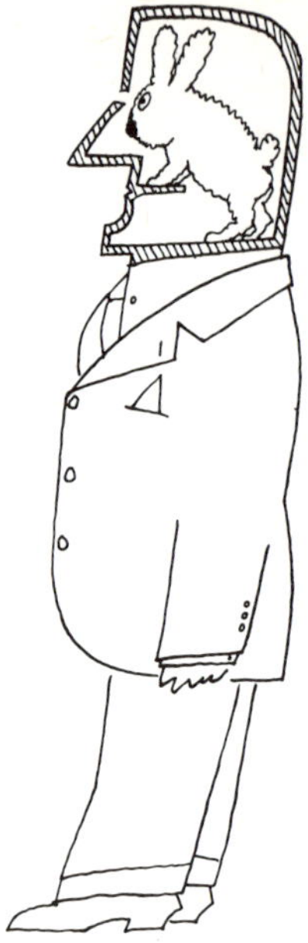

74 Die verborgene »Mentalität« (Kopf-Natur) des euroamerikanischen Kultur-Menschen, freigelegt von der boshaften Zeichenfeder Saul Steinbergs. In: »Steinberg's Labyrinth«, Reinbek bei Hamburg 1961

Individuum.« Aber im besonderen hielt diese Neuauflage der Mikrokosmos-Denkfigur auch eine Reihe nützlicher oder provozierender Separat-Überlegungen bereit, die aus der Not sozioökonomischer »Ungleichmäßigkeiten« im Zeitalter der Rohstoff-Erschöpfung die Tugend perfekter Legitimationen machte: »... der Zusammenschluß (der Industriestaaten mit den Entwicklungsländern) zu einem einzigen Weltsystem kann nicht mehr das Zukunftsziel sein«, notierte Jantsch in dem Kapitel »Evolution – Revolution«, das die Umrisse einer »politischen Theorie« skizzierte. »Die westliche Welt hat sich hinsichtlich der Ausbeutung der Weltressourcen schon zu sehr abseits gestellt, um einer zukünftigen equitablen Weltfamilie anzugehören.« – Meinte das wesentlich anderes als die selbstgerechte Maxime der ersten Sozialdarwinisten, die schon ein Jahrhundert zuvor *evolutionsgerechtes Verhalten* als *ethisches Verhalten* ausgegeben hatten?

Spekulative Weltentwürfe wie Jantschs theoretische »Mystik der Selbstorganisation« zwischen *Big-Bang* und Schwerkraft-Kollaps oder Wärme-Tod des Universums machen deutlich, daß es sich hier keineswegs um exzentrische Gedankengänge einer Wissenschaftler-Elite weitab von den aktuellen Problemen der Zeit handelt, die sozusagen noch »fünf vor zwölf« ausgerechnet »Die ersten drei Minuten« (»The first three minutes«; Titel einer der neuesten wissenschaftlichen Kosmologien von Steven Weinberg, 1977) rekonstruieren will. Kosmologische Literatur liest sich – sofern sie sich, unbeschadet ihrer rein wissenschaftlichen Mitteilungen, nicht selbst schon so versteht – wie ein vorreligiöses« Muster-Angebot zur beschaulichen oder tätigen Zukunftsbewältigung, das bisweilen wahnwitzige Perspektiven technischer Superzivilisation mit den Empfindungen äußerster Ohnmacht und Verlorenheit verbindet, über die nur noch das sogenannte »anthropische Prinzip« der modernen Kosmologie hinwegtröstet: Es besagt, daß der Mensch - eben weil er weder zeitlich noch räumlich eine »Rand«- oder Sonderstellung einnimmt – doch gewissermaßen in der »Mitte« des Universums steht und allein mit seiner mikroskopischen Existenz schon wesentliche Rückschlüsse auf die Struktur des Makrokosmos ermöglicht.– Ein Schema gegenläufiger Extreme, äußerster Selbstaufgabe und anmaßender Naturbeherrschungsgelüste, das in der Geschichte der bürgerlichen Weltanschauungen geläufig ist – um es exemplarisch beim Bild zu nehmen: in den kosmischen »Lichtgebet«-Phantasien von *Fidus* (Abb. 75), denen man zeitgenössische Kompendien des Fortschrittsglaubens wie H. Kraemers »Weltall und Menschheit« (Abb. 76 a und b) gegenüberstellen kann.

Solche in sich widersprüchliche Bewußtseinshaltung gegenüber einer mittlerweile sehr ungewissen irdischen Zukunft hat im Jahr 1979 vermutlich die mittelalterliche Kosmologin Hildegard von Bingen als Garantin einer besseren Vergangenheit vorübergehend aus der Versenkung geholt. – Die Himmel aber halten für die interstellare Zukunft der Menschheit bereits die Privat-Pforten zum mathematisch-mystifizierten Jenseits offen. Seit sich die astronomischen Beobachtungsdaten verdichten, daß gewisse übergewichtige Sternklassen sich am Ende ihrer energieverschwenderischen Brennzeit auch durch »Supernova«-Explosionen nicht von der erdrücken-

76 a und b
»Weltall und Menschheit«. Prachteinband einer von Hans Kraemer herausgegebenen »Geschichte der Erforschung der Natur und der Verwertung der Naturkräfte im Dienste der Völker«, 51.–100. Tausend, o. J. (nach 1907), mit einem recht selbstbewußt dreinblickenden Kosmos-Menschen im Einlege-Kupfer

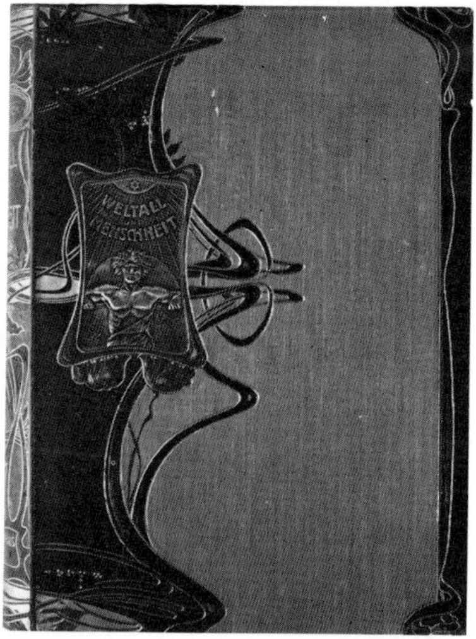

76a

◁ 75 Hugo Höppener (genannt Fidus; 1868–1948), »Lichtgebet«. Aquarell. 1913. Der Kosmos-Mensch in äußerster Selbstauflösung. Nach: Frecot / Geist / Kerbs, »Fidus – Zur ästhetischen Praxis bürgerlicher Fluchtbewegungen«, 1972

76b

den Last ihrer Masse befreien können und buchstäblich zu mathematischen Punkten in sich zusammenstürzen, braucht der krisenbewußte Bürger in Gedanken nicht mehr länger auf das allgemeine physikalische Weltende zu warten: »Schwarze Löcher« gestatten es schon jetzt zukünftigen lebensmüden Raumjachtbesitzern und wahnsinnigen Wissenschaftlern, den – für sie – schnellen Weg in ein individuelles Nirwana anzutreten (wie es eine der neuesten Walt-Disney-Weltraumopern, »The Black Hole«, bereits filmisch in Szene gesetzt hat). Doch wenn der Transit ins Jenseits nach Überschreiten jener Grenze-ohne-Wiederkehr, die im physikalischen Sprachgebrauch »Ereignishorizont« heißt, weil drüben selbst Lichtgeschwindigkeit nicht mehr zur Flucht ausreicht, für die »Übergangsreisenden« persönlich auch sehr schnell zu Ende geht (tatsächlich würden sie von gewaltig anwachsenden Gezeitenkräften subatomar pulverisiert), so dauert allein ihre Anreise für außenstehende Beobachter schon eine wahre Ewigkeit: Sie scheinen sich dem Rande des »schwarzen Lochs«, aus dem theoretisch niemand mehr Nachricht geben kann, immer langsamer zu nähern und schließlich wie die eingestürzte Sonne selbst an dieser unsichtbaren Grenze zum Jenseits stillzustehen – und deshalb reden die Russen auch lieber von »gefrorenen Sternen«.

77

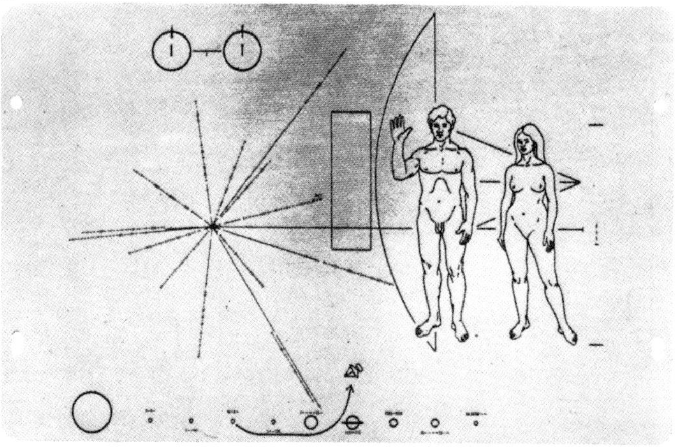

78 Sehnsüchte einer imaginären Zukunft – Begegnung mit außerirdischen Intelligenzen: ein knackig-nacktes Menschenpaar am symbolisch überhängenden Treffpunkt. Nach: Harry Harrison, »Great Balls of Fire – A History of Sex in Science Fiction Illustration«, 1977

◁ 77 Ein kosmisches Botschafter-Paar. Gravierte Plaketten an Bord der amerikanischen »Pioneer«-Sonden 10 und 11, die 1973 und 1974 vom Schwerkraftfeld des Jupiter aus unserem Sonnensystem in den interstellaren Raum katapultiert wurden. Nach: »Cosmology + 1, Readings from ›Scientific American‹«, 1977

Literatur- und Abbildungshinweise

Die erwähnte oder zitierte Literatur ist durchweg mit Titel (Kurztitel) und Jahreszahl angegeben, so daß es bei Bedarf durchaus möglich ist, diese Bücher und Schriften in Bibliotheken oder Buchhandlungen aufzutreiben. Zitate sind in der üblichen Weise kenntlich gemacht; ältere Rechtschreibungsformen sind der heutigen Schreibweise angepaßt, Klammern in Gedankenstriche aufgelöst, Auslassungen punktiert, Ergänzungen und erläuternde Kurzkommentare des Autors in Klammern hinzugefügt. Fremdsprachige und lateinische Texte wurden nach bestem Wissen und Gewissen und mit dem Ziel größtmöglicher Klarheit übersetzt.

Neu-Übersetzungen waren besonders bei den zitierten Werken und Schriften Hildegard von Bingens angebracht, weil die vorhandenen, oft inhaltlich beschönigend oder salbungsvoll verunklärt, die Schärfe ihrer speziell antikatharischen Agitation verschleierten oder durch Auslassungen ganz unterdrückten: So ist etwa der in der Original-Edition schwer erreichbare Visionsbrief Hildegards an das Mainzer Domkapitel, der ihre Ketzerfeindlichkeit am klarsten zum Ausdruck bringt, in der 1965 aufgelegten Briefauswahl in Deutsch von Sr. Adelgundis Führkötter OSB nur indirekt erwähnt und im gleichen Atemzug gerechtfertigt: »Im Mittelalter war eine Häresie sowohl ein Irrtum im Glauben als auch ein Attentat gegen die Kirche und Gesellschaft. Man verurteilte nicht nur die Lehre, man vernichtete auch ihre Urheber. Diese Ansicht wurde durchweg auch von den mittelalterlichen Konzilien vertreten.«

Für Interessenten folgen die Quellenangaben zu den beiden »Ketzer-Briefen«: Der »Brief an Klerus und Volk von Köln« von

1162 ist zu finden in Migne, »Patrologia Latina«, Band 197, col. 243–253, der »Brief an das Mainzer Domkapitel« von 1163 bei Jean Baptiste Pitra, »Analecta Sacra«, Band VIII, »Nova S. Hildegardis opera«, S. 348–351.

Neben dem kleinen Quellen-Anhang zu den Hauptwerken sei auf die umfangreiche »Hildegard-Literatur« verwiesen, die, erschöpfend aufgelistet, Seiten füllen würde. Statt solcher Fleißarbeit, die im Hinblick auf das »überdimensionale« Generalthema ins Uferlose gehen müßte, sollen hier nur noch einige überschaubare Anregungen und Hinweise für diejenigen Leser gegeben werden, die einzelne Aspekte weiter verfolgen möchten.

Zum Teil sind diese Hinweise in den Abbildungen und deren Unterschriften enthalten, denn wie im Text, so wurde auch bei der Bildwiedergabe durchgehend »zitiert«, und zwar nicht durch Quellenangabe im entlegenen Anhang, sondern an Ort und Stelle oder *im* Bild selbst, nämlich mit Buchtiteln und Schutzumschlägen, die ihrerseits Bildzitate bringen. – Ohnehin versteht sich der Bildteil des Buches nicht einfach als Illustration des Textes, sondern verfolgt mehrfach Bildgedankenketten eigenständig weiter.

Daß die Bild- und Gedankenketten nicht gleich ihre Geschichte-an-sich, sondern mit ihren »Erzähl«- (und Zitat-)Perspektiven zunächst einen subjektiven Verknüpfungszusammenhang vor Augen führen, machen jene »Lücken« deutlich, die hier sozusagen mit »verbindenden Siebenmeilenstiefeln« übersprungen sind: Neben einer Reihe von Detail-Studien innerhalb der »überflogenen« Themenkreise, unter denen die Wiener Dissertation von Renate Borchers »Zur mittelalterlichen Illustration profan-wissenschaftlicher Texte« (»Die ikonographischen Quellen des Codex 12600 der ÖNB/Wien«, 1975) besondere Erwähnung verdient, stehen ganze Komplexe wie etwa »Antikensehnsucht und Maschinenglauben« – so der Titel einer grundlegenden Arbeit Horst Bredekamps über die Rolle und Funktion der Kunst- und Wunderkammern (jener »Mikrokosmen« höfischer Sammel- und Ordnungstätigkeit) als Schrittmacher neuzeitlich-technischer Naturaneignung (in: »Die Villa Albani«, Liebighaus/Fankfurt am Main 1980) – vom umfangreichen Schrifttum *zur Genesis der kopernikanischen Welt* im allgemeinen ganz zu schweigen.

Für den Einstieg in den Dschungel okkulter und spiritistischer Sonderliteratur speziell des 19. Jahrhunderts eignet sich wohl am besten Max Dessoirs »Kritische Betrachtung der Geheimwissenschaften« mit dem Titel »Vom Jenseits der Seele«, die seit 1917 in mehreren Auflagen herauskam und von der »Christian Science« und »Anthroposophie« bis zu den obskursten Versionen des »magischen Idealismus« nahezu das gesamte Spektrum des Vorweltkriegsirrationalismus durchnahm. Den gegenwärtigen Pegelstand der Publikationsflut zu paranormalen Themen festhalten zu wollen, wäre ein hoffnungsloses Unterfangen: Es vergeht kaum eine Woche, ohne daß ein neues Druckerzeugnis dieser Richtung – vor allem im englischsprachigen Bereich – in den Buchmarkt eingeschleust wird. Wer sich für die mythen- und religionswissenschaftliche Seite interessiert, wird in Ernst Benz' Broschüre über »Neue Religionen« mit ausgewählter Bibliographie (1971) ein breitangelegtes Panorama »global« behandelt finden; speziell die angloamerikanischen Auswüchse der »Science-Fiction«-Religionen sind von Christopher Evans in einer wohltuend skeptischen Darstellung der »Kulte des Irrationalen« (1976; englisch »Cults of Unreason«, 1973) ausgebreitet worden. Im übrigen muß es dem Leser selbst überlassen bleiben, sich zwischen C. G. Jung und Pascual Jordan (z. B. »Schöpfung und Geheimnis«, 1970), zwischen Kurt Benesch (»Magie – Auf den Spuren des Unbekannten«, 1975) und Däniken (kein Kommentar), Johannes von Buttlar (z. B. »Reisen in die Ewigkeit«, 1973) und Theo Löbsack (»Wunder, Wahn und Wirklichkeit – Naturwissenschaft und Glaube«, 1976), um nur einige deutschsprachige Autoren und Titel zu nennen, seinen persönlichen Weg durch die Irrgärten derzeitiger Spekulation über das A und O irdisch-menschlicher Existenz zu suchen.

Wer sich aus erster Hand über das neue Eldorado mathematisch-naturhistorischer Spekulation und Wissenschaft, das Wunderland der Astrophysik und Kosmologie, unterrichten möchte, wäre in erster Linie auf angloamerikanische Fach- und Sachbuch-Veröffentlichungen zu verweisen: so etwa auf »Cosmology Now«, eine von der British Broadcasting Corporation 1973 als Buch herausgegebene Vortragsfolge von Kapazitäten dieses Metiers, oder »Cosmology + 1«, einen »Beitragslängschnitt« zum einschlägigen Thema im

»Scientific American« von 1977; beides Sammlungen, die den jeweiligen Forschungsstand direkt in Worte fassen und nicht nur anderen aus dem Mund nehmen. Daneben gibt es eine Reihe von Büchern von so oder so renommierten Autoren, die teilweise auch schon ins Deutsche übersetzt sind wie die erwähnten »ersten drei Minuten« von Weinberg oder »Die Geschichte der schwarzen Löcher« des amerikanischen Science-Fiction-Asses Isaac Asimov (»The Collapsing Universe«, 1977).

Im irdischen Bereich jener Wissenschaftsarchäologie, welche die mittelalterliche Kosmologin Hildegard von Bingen mittlerweile mit ihren neuzeitlichen Interpreten in einer Visierlinie vorfindet, signalisieren vor allem die Vorträge aus Anlaß des 50. Todestages von Aby Warburg in Hamburg ein neues Stadium der Aufmerksamkeit für »Weltbilder« und Weltanschauungen in der Kunstgeschichte wie in der Kunstwissenschaft. Für den einschlägig Interessierten bieten die Beiträge von Klaus Herding, Werner Hofmann, Martin Warnke (nachzulesen in: K. Herding, »Nervöse Auffangsorgane des inneren und äußeren Lebens – Karikaturen«; und Hofmann/Warnke, »Die Menschenrechte des Auges – Über Aby Warburg«; beides 1980) – nach Gombrichs »intellektueller Warburg-Biographie« von 1970 und neben einem Aufsatz von Wolfgang Kemp über das Verhältnis Walter Benjamins zum Warburg-Kreis (in: »kritische berichte«, 1975) – richtungweisende Perspektiven, um den legendären Bibliotheksgründer im »evolutionistischen« Zwielicht der Jahrhundertwende in schärferen Umrissen zu sehen und ihm so gerechter zu werden. Für dieses Buch war das Warburg-Memorial ein aktueller und anregender »Verstärker«; insbesondere ein Vortrag von Alexander Perrig über »Leonardos ›Anatomie der Erde‹«, der präzisere Deutungen so weihrauchumwobener Werke wie der »Mona Lisa« nahelegte (in: »Jahrbuch der Hamburger Kunstsammlungen«, 1980), bot einen überzeugenden neuen Bildbeweis für die Wichtigkeit des Mikrokosmos-Konzepts in der Kunst und Wissenschaft der Hochrenaissance. – Bleibt noch zu erwähnen, daß die hier präsentierte Hildegard-Geschichte samt »Rahmenerzählung« aus einer kürzeren »Diskussionsvorlage« hervorgegangen ist, die auf der Mittelalter-Tagung des »Ulmer Vereins für Kunst- und Kulturwissenschaften« im Frühjahr 1979 vorgelegt wurde (in: »Bauwerk &

Bildwerk im Hochmittelalter – Anschauliche Beiträge zur Kultur- und Sozialgeschichte«, 1980) – ursprünglich geht sie auf einen »work-in-progress-report« während der Stipendiatenzeit am Warburg-Institute in London zurück.

Quellen
(in aktueller Auswahl)

Hildegard von Bingen, LIBER DIVINORUM OPERUM SIMPLICIS HOMINIS, geschrieben 1163–1173

Textausgabe:	J. P. Migne, Patrologia Latina, Band 197, col. 739–1038, Paris 1882
Deutsche Übersetzung:	Hildegard von Bingen: Welt und Mensch. Das Buch »De operatione Dei«. Aus dem Ghenter Kodex übersetzt und erläutert von Heinrich Schipperges, Salzburg 1972
Illustrierte Version:	Lucca, Biblioteca Governative, Ms 1942, um 1230, ca. 38 × 26 cm. Größe der Miniaturen etwa DIN A 4, teilweise darüber

Hildegard von Bingen, LIBER VITAE MERITORUM, geschrieben 1158–1161

Textausgabe:	J. B. Pitra, Analecta sacra, tom. 8, S. Hildegardis opera spicilegio Solesmensi parata, Monte Cassino 1882, pag. 7–244
Deutsche Übersetzung:	Hildegard von Bingen: Der Mensch in der Verantwortung. Das Buch der Lebensverdienste... Nach den Quellen übersetzt und erläutert von Heinrich Schipperges, Salzburg 1972

Hildegard von Bingen, SCIVIAS SIVE VISIONUM AC REVELATIONUM LIBRI TRES, geschrieben 1141–1150

Alte Textausgabe:	J. P. Migne, Patrologia Latina, Band 197, Paris 1882, col. 383–738

Neue kritische Quellen-Edition:	Hildegardis Scivias. Ed. Adelgundis Führkötter, coll. Angela Carlevaris, Corpus Christianorum Continuatio medievalis 43 et 43 A, Turnholti/Brepolz 1978
Deutsche Übersetzung:	Hildegard von Bingen: Wisse die Wege... Nach dem Originaltext des illuminierten Rupertsberger Kodex ins Deutsche übertragen und bearbeitet von Maura Böckeler, Berlin 1928 (6. Auflage Salzburg 1975)
Illustrierte Versionen:	1) ehemals Wiesbaden, Landesbibliothek Hs 1 (Verlust 1945). Farbige Reproduktionen nach dem handgemalten »Faksimile« der St. Hildegard-Abtei Eibingen in: Adelgundis Führkötter/Angela Carlevaris, Corpus Christianorum Continuatio medievalis 43 et 43 A, Turnholti/Brepolz 1978. Eine Bildausgabe nach den Original-Schwarzweiß-Aufnahmen im Rheinischen Bildarchiv, Köln, wurde besorgt von Hildegard Schönfeld, Bingen 1979 2) Heidelberg, Universitätsbibliothek Cod. Sal. X. 16. Erste vollständige Bildveröffentlichung in: Christel Meier, Text und Bild im überlieferten Werk Hildegards von Bingen, Berlin 1980
Biographien:	Hildegardis vita, auctore Guiberto, in: J. B. Pitra, Analecta sacra, tom. 8, S. Hildegardis opera spicilegio Solesmensi parata, Monte Cassino 1882, pag. 407–414 Vita S. Hildegardis auctoribus Godefrido et Theodorico monachis, in: J. P. Migne, Patrologia Latina, Band 197, col. 91–130, Paris 1882

Fotonachweis

Rheinisches Bildarchiv, Köln   Abb. 18–20, 22–24
Die übrigen Abbildungsvorlagen stammen aus dem Archiv des Verfassers.

DuMont Taschenbücher

Stand Herbst '80

Band 2
Horst W. und Dora Jane Janson
Malerei unserer Welt

Band 3
August Macke Die Tunisreise

Band 4 Uwe M. Schneede
René Magritte

Band 5 Ernst Günther Grimme
Pieter Bruegel d. Ä.

Band 6 Karin Thomas
DuMont's kleines Sachwörterbuch zur Kunst des 20. Jahrhunderts

Band 8 Christian Geelhaar
Paul Klee

Band 12 José Pierre
DuMont's kleines Lexikon des Surrealismus

Band 13 Joseph-Émile Muller
DuMont's kleines Lexikon des Expressionismus

Band 14 Jens Christian Jensen
Caspar David Friedrich

Band 15 Heijo Klein
DuMont's kleines Sachwörterbuch der Drucktechnik und grafischen Kunst

Band 17 André Stoll
Asterix – das Trivialepos Frankreichs

Band 18 Horst Richter
Geschichte der Malerei im 20. Jahrhundert

Band 22 Wolfgang Brückner
Elfenreigen – Hochzeitstraum

Band 23 Horst Keller
Marc Chagall

Band 24 Ernst R. Scherz und Anneliese Scherz
Afrikanische Felskunst

Band 25 Gabriele Sterner
Jugendstil

Band 26 Jens Christian Jensen
Carl Spitzweg

DuMont Taschenbücher

DuMont Taschenbücher

Band 49 Heinrich Hüning
Gestalten mit Holz

Band 50
Conrad Fiedler
Schriften über Kunst

Band 51 Martin Warnke
Peter Paul Rubens

Band 52 Jörg Krichbaum/
Rein A. Zondergeld
DuMont's kleines Lexikon der Phantastischen Malerei

Band 53 Edward Quinn
Picasso

Band 54
Karin Thomas / Gerd de Vries
DuMont's Künstler-Lexikon von 1945 bis zur Gegenwart

Band 55 Kurt Schreiner
Kreatives Arbeiten mit Textilien

Band 56 Ingeborg Tetzlaff
Romanische Portale in Frankreich

Band 57 Götz Adriani
Toulouse-Lautrec und das Paris um 1900

Band 58 Hugo Schöttle
DuMont's Lexikon der Fotografie

Band 59 Hugo Munsterberg
Zen-Kunst

Band 60 Hans H. Hofstätter
Gustave Moreau

Band 61
Martin Schuster / Horst Beisl
Kunst-Psychologie

Band 62 Karl Clausberg
Die Manessische Liederhandschrift

Band 63 Hans Neuhaus
Werken mit Ton

Band 65 Harald Küppers
Das Grundgesetz der Farbenlehre

Band 66 Sam Loyd
Mathematische Rätsel und Spiele
Hrsg. von Martin Gardner

DuMont Taschenbücher

Band 67 Fritz Baumgart
»Blumen-Brueghel«

Band 68 Jörg Krichbaum
Albrecht Altdorfer

Band 69 Erich Burger
Norwegische Stabkirchen

Band 70 **Ernst H. Gombrich**
Kunst und Fortschritt

Band 71 José Pierre
DuMont's kleines Lexikon der Pop Art

Band 72 Mike Schuyt / Joost Elffers
Rudolf Steiner und seine Architektur

Band 73 Gabriele Sterner
Barcelona: Antoní Gaudí

Band 74 Eckart Kleßmann
Die deutsche Romantik

Band 75 Hilda Sandtner
Stoffmalerei und Stoffdruck

Band 76 Werner Spies
Max Ernst 1950–1970

Band 77 Wolfgang Hainke
Siebdruck

Band 78 Wilhelm Rüdiger
Die gotische Kathedrale

Band 79 Otto Kallir
Grandma Moses

Band 80 Rainer Wick / Astrid Wick-Kmoch (Hrsg.)
Kunst-Soziologie

Band 81 Klaus Fischer
Erotik und Askese in Kult und Kunst der Inder

Band 82 Jörg Krichbaum / Rein A. Zondergeld
Künstlerinnen

Band 83 Ekkehard Kaemmerling
Bildende Kunst als Zeichensystem 1

Band 84 Hermann Leber
Plastisches Gestalten

Band 85 Sam Loyd / Martin Gardner
Noch mehr Mathematische Rätsel und Spiele

Ruth Gogoll: Wie ein Stern, der vom Himmel fällt

Erotischer Liebesroman

Weihnachtliches Plätzchenbacken gehört eigentlich in glückliche Familien. Wenn jedoch die unfreundliche Nachbarin nur für sich allein backt, dann ist das verdächtig. Und wenn diese Nachbarin zwar spröde, aber ungemein attraktiv ist und mit ihren schönen Augen lockt, dann erwacht der lesbische Jagdtrieb: Wenn schon Plätzchenbacken, dann bitte nur zu zweit ...

Ruth Gogoll: Eine Insel für zwei

Erotischer Liebesroman

Neunzehn Jahre alt und auf der Suche nach der großen Liebe: Das ist Andy, als sie Danielle kennenlernt, Besitzerin einer Werbeagentur. Danielle hält Liebe für eine Illusion. Sie lädt Andy zu einer Reise durch die Ägäis ein, doch fordert dafür einen hohen Preis.
Andy läßt sich darauf ein, weil sie Danielle liebt und hofft, daß Danielle auch lernen wird zu lieben. Fast scheint es, als hätte Andys Liebe eine Chance, doch da geschieht etwas Unvorhergesehenes ...

Tala Storm: Der lange Weg

Liebesfantasy in drei Teilen

Cay-La erwacht eines Morgens ohne Erinnerung. Sie schließt sich zunächst der schönen Kallisto an, doch als die eine Kriegerin töten will, wechselt Cay-La die Seiten. Zusammen mit der Kriegerin und ihrer Gefährtin versucht sie ihre Vergangenheit zu erfahren, die Erinnerung an sich selbst wiederzufinden. Eine nicht ungefährliche Reise ins Reich der Amazonen beginnt, denn der Zorn Kallistos begleitet sie ...

Ruth Gogoll: Ostereier

Erotischer Liebesroman

Eine Geschichte um Ostereier? Nein, eine Liebesgeschichte. Die Begegnung in einem Supermarkt kurz vor Ostern – ist sie Zufall oder Schicksal? Befördert der Einkauf von Obst und Gemüse die Liebe – oder hindert er sie an ihrer Erfüllung? Und was ist mit der geheimnisvollen Bemerkung, mit der alles begann?
Das alles sind Fragen, denen sich die beiden Protagonistinnen stellen müssen.
Werden sie eine Lösung finden?